拯救经济计量学

由概率论方法转向概率近似正确学习

Rescuing Econometrics

From the Probability Approach to Probably Approximately Correct Learning

秦朵◎著

图书在版编目(CIP)数据

拯救经济计量学：由概率论方法转向概率近似正确学习 / 秦朵著 . —北京：北京大学出版社，2024.4
ISBN 978-7-301-34977-9

Ⅰ.①拯…　Ⅱ.①秦…　Ⅲ.计量经济学　Ⅳ.①F224.0

中国国家版本馆 CIP 数据核字(2024)第 071984 号

书　　　名	拯救经济计量学：由概率论方法转向概率近似正确学习 ZHENGJIU JINGJI JILIANGXUE: YOU GAILÜLUN FANGFA ZHUANXIANG GAILÜ JINSI ZHENGQUE XUEXI
著作责任者	秦　朵 著
策划编辑	张　燕
责任编辑	王　晶
标准书号	ISBN 978-7-301-34977-9
出版发行	北京大学出版社
地　　　址	北京市海淀区成府路 205 号　100871
网　　　址	http://www.pup.cn
微信公众号	北京大学经管书苑（pupembook）
电子邮箱	编辑部 em@pup.cn　　总编室 zpup@pup.cn
电　　　话	邮购部 010-62752015　发行部 010-62750672 编辑部 010-62752926
印　刷　者	三河市博文印刷有限公司
经　销　者	新华书店
	880 毫米×1230 毫米　32 开本　10.5 印张　123 千字 2024 年 4 月第 1 版　2024 年 4 月第 1 次印刷
定　　　价	58.00 元

未经许可，不得以任何方式复制或抄袭本书之部分或全部内容。
版权所有，侵权必究
举报电话：010-62752024　电子邮箱：fd@pup.edu.cn
图书如有印装质量问题，请与出版部联系，电话：010-62756370

谨以此书献给母亲朱哈娜
爱的记忆永不磨灭

序　言
PREFACE

> 若将推断与算法之争比做龟兔赛跑，那么当代的电脑算法已经育出仿生赛兔了。
>
> Efron and Hastie（2016，第 4 页）

本书质疑由哈维尔莫（Haavelmo）1944 年专著《经济计量学的概率论方法》构建起来的经济计量学的方法论基础，呼吁并阐明了对该基础进行彻底革新并向机器学习方法论靠拢的必要性。经济计量学是以分析从开放世界被动观测到的数据为主的学科。机器学习的处境相当，不过其数据来源往往比经济计量学的数据来源要更加广泛且异质。虽然机器学习是比经济计量学更为年轻的学科，但当前它对于各个学科的渗透之快、之广是有目共睹的。对比两个学科不难发现，机器学习教科书中的数学内容要比经济计量学的数学内容浅显容易得多，但在实际应用功效方面却明显是后来居上，机器学习使得经济计量学的应用效果相形见绌。按照经济学的基本评判尺度，经济计量学一定存在效率低下问题。

近年来，经济计量应用研究中引入机器学习技术的案例与日俱增，英文文献中介绍和推荐机器学习的综述也层出不穷。[1] 遗憾的是，经济计量学界对机器学习的理论基础却存在一大盲点，即普遍把机器学习表述为数据分析的工具箱。"坐井观天""管窥蠡测""只见树木不见森林"这几个词恐怕是最能贴切形容这种情形的了。

在 Breiman（2001）对机器学习主旨的精辟综述中，他将机器学习与经典统计学方法论上的分歧概述为"两种文化"的分歧。经济计量学是坚实奠定在经典统计学框架中的学科。哈维尔莫专著对概率方法论的雄辩以及后来的美国考尔斯经济研究会（The Cowles Commission）专著系列第 10 部对经济计量学的严格正规表述（Koopmans，1950）是公认的经济计量学科的奠基史源。这两部里程碑式的专著为日后经济计量学者大量拓展统计数学工具开辟了一片新天地。然而，自学科正式形成以来，经济计量学理论在应用建模方面却不断遇到各种难题。[2] 为了克服这些难题，名目繁多的计量学估计和检验工具不断因应而生。不过，尽管这些工具在数学方面的复杂性和精妙性大大提高，它们在实践中的成效却一直不尽如人意。这种科研效率欠佳的情形意味着，经济计量学在方法论上存在基础缺陷。其实，Judge *et al.*（1980）在其结论中早就把这些缺陷归咎于计量学过窄的关注点，即对"**已知的抽样模型**"的统计推断问题的集中关注。他们还指出："针对有误模型做统计推断的理论框架尚待开发出来。我们若要为学习被动观测的经济数据的有限样本开发出更为有效的分析手段，就必须在将来的研究中正视并且解决这一问题。"（第 778 页）如今，机器学习已为系统解决这一问题提供了成熟的理论框架。

无须赘言，当今机器学习的成功离不开一个坚实的基础理论后盾。机器学习算法工具箱的后盾是严谨的、以概率近似正确（probably approximately correct，PAC）学习概念为核心的可学性（learnability）理论。PAC 学习为如何设计算法系统以学习到尽可能最优的经验模型奠定了基础，并为学习过程制定了以无分布假定为主的方略。机器学习还与人工智能的发展相互促进，相得益彰。人工智能的突出成就，是建立了对人脑知识在充满不确定性的现实中的逻辑推理和决策过程的规范化表述体系，这为机器学习提供了清晰的模型表述基础。

PAC 学习的视角和分析思路启发了我——经济计量学科效率欠佳的根源其实在于它早已过时的概率论基础。要拯救经济计量学，就需要对其方法论基础做一个全面彻底的反思和检修。这项研究工作必然会涉及经济学说史和科学方法论方面的诸多问题。不过，本书的主要目标读者还是使用经济计量学的经济学家。毕竟有培根的名言——"历史使人明智"。只有彻底摆脱经济计量学教科书框架的束缚，接受 PAC 学习理念，经济学家才可能充分发挥出他们综合利用理论与经验知识、有效分析现实经济问题的潜能。Sloman and Fernbach（2017，第 255 页）写道："当学者面临一个与其先前预想截然不同的观点时，他们的反应过程往往呈三步：首先是不予考虑，然后是抵制拒绝，最后称该观点不过是显而易见的。"但愿我此次的探索之旅能够使经济计量学界尽快踏入第三步，顿悟出大道至简的真谛。

为了从根基上阐明现行经济计量学研究模式的方法论问题，本书的结构效仿哈维尔莫原著的结构。在全书的六章中，每章都以哈维尔莫相应章中的主要论点为出发点，根据经济计量学的研究现状来分析其功过。分析的关注点是针对时序数据的宏观应用模型研究与针对横截面数据的微观应用模型研究中暴露出的共性问题。分析的焦点是这些问题的方法论根源：经典统计学的分析视角是不足以协助经济计量学实现连接经济理论与数据信息的建模目标的。同时，不少章节还列举了经济计量模型研究如何得益于机器学习的案例。简言之，本书揭示了经济计量学科现存的基础缺陷，并指出机器学习是目前系统矫正缺陷的唯一途径。

本书的主要论点大致如下：

● 模型构述的不确定性是经济计量研究最需要面对和处理的不确定因素。哈维尔莫倡导的概率论思路，即以将模型所涉变量设为一个联合概率分布空间的数学表达为出发点的思路，并不能有效地处理该因素。

● 哈维尔莫倡导的经济学内的分工是：经济学家担负先验演绎建模的任务，经济计量学家担负模型估计和检验的任务。实践证明，这一分工过于简单极端。实践中可用的计量模型只能通过先验逻辑演绎和后验归纳推理的交替使用过程学习而来。机器学习中的 PAC 学习理论为这种学习铺垫了一条系统路径。

● 根据机器学习的方法论，上述学习过程无须对所涉变量的统计分布做假定，概率的主要作用是协助建模学习所涉及的各种决策步骤。另外，人工智能中的逻辑命题表述法为模型构述基于常识性的经济学法则展示了一条更为准确、更易于连接数据信息的新路径。

● 一般来说，经验证实经济理论的研究任务明显超出了经典统计学假设检验的狭窄框架。这类任务的模型构述需要经过细致的模型设计和数据归纳学习过程才可能实现。

● 鉴于此，针对经验证实经济理论的任务，将注意力集中在对先验模型中给定的参数做统计最优估计之上，是经济计量学研究的严重策略性失误。内生有偏性陷阱便是这一失误最经典的缩影。

● 一旦学界公开认同了建模的不确定性，模型的预测亦即泛化性能（generalisability）便成为经济计量模型学习过程中一个必不可少的主要标准。衍生于经典统计学的经济计量学在现行框架内没有测试模型泛化性的系统方略，实为学科处于亟须拯救之窘境的主要原因。

* * *

在我的专业生涯中，本书是最艰巨的一项研究课题了。为了更好地完成任务和尽量明确分析思路，我采用了交替使用中文和英文的写作方式，写作过程长达三年半之久。但本项研究的酝酿期更长，可追溯到2012年我在伦敦大学亚非学院首次执教研究生的微观经济计量学课程之时。此前，我的教学与应用性研究课题都限于分析时序样本的宏观计量学的范围之内。在微观经济计量学课程的讲授摸索阶段，为了更明确清晰地向学生解释教科书中为何通用工具变量手段来处理遗漏变量有偏性及选择有偏性等问题，我的研究便转向专门考察工具变量估计的方法论形成史的课题。继而，我又对工具变量方法背后的内生有偏性这一经济计量学基础概念的实质做了追述式考察。与此同时，为了寻找既简洁易懂又可提高微观数据信息利用率的应用建模手段，我接触到机器学习的方法，这又促使我走上自修机器学习课程之旅。

在本书的写作过程中，我受益于不少友人的热情支持、鼎力帮助和宝贵建议。这里我要衷心致谢的有：焦兮彧、刘学林、卢珊、王庆超、宋丽娜、徐强、张维迎、邹丽峰、Ruben Lee、Sophie van Huellen 和 Chris Watkins，以及已故的 Olav Bjerkholt。不过，我最为感激的是我妈妈朱哈娜。四年多前她虽已年迈多病，但当听到我想写书又心存顾虑时，马上热情鼓励并全心支持。她的赞许和兴奋之情我至今记忆犹新。如今在她辞世两年多后，书稿终于完成了。我这才恍悟，原来我对机器学习原理的好奇和对写书的执迷，是传承了她的敬业精神。在微机时代到来前的20世纪80年代初,她在山东一所普通中学的教书生涯接近尾端时,曾自发地去学习计算机编程语言,并且兴致勃勃地给中学生们开设了计算机编程选修课,还为他们编写了一本 BASIC 习题集。

鉴于本书议题的性质,我的写作难免会存在不足。文责自负,我仅希望本书可以起到抛砖引玉的作用。①

秦朵

2023年于英国伦敦

电子邮箱:dq1@soas.ac.uk

注释

[1] 如 Varian(2014)、Mullainathan and Spiess(2017)、Charpentier et al.(2018)、Athey and Imbens(2019)及 Iskhakov et al.(2020)。

[2] 有关历史的综述可参见 Qin(2013a)。

---

① 本书英文版题为 Rescuing Econometrics:From the Probability Approach to Probably Approximately Correct Learning,已经由 Routledge 出版社出版。

目 录
CONTENTS

第1章 现实经济的模型抽象 ………………………… 1
  1.1 绪论 ………………………………………………………… 1
  1.2 量化经济变量过程中的不确定性 ……………………… 3
  1.3 理论模型与经济现实 …………………………………… 7

第2章 经济关系式的可学性 ………………………… 16
  2.1 经济关系式的构建应属统计学习问题 ………………… 18
  2.2 体现逆转性的PAC可学性 ……………………………… 20
  2.3 简化性和自律性:奥卡姆剃刀定律与稳定性 ………… 25
  2.4 由机器学习范式到经济计量学习任务的构建 ………… 29

第3章 经济计量学中概率论的基本功能 …………… 35
  3.1 可测经济变量作为目标变量时的随机模型特征 ……… 37
  3.2 概率论在经济学和经济计量学建模中的作用 ………… 42
  3.3 逻辑推理与PAC学习合成过程中概率测度的判别式
      用途 ……………………………………………………… 48

第 4 章　假设检验的用处与经济假说的模型构述 …………… 59
4.1　验证性偏误：机械套用统计假设检验框架的困误 …… 62
4.2　诊断性检验与模型选择 ……………………………… 69
4.3　"从数据观察中形成理论"：从数据拆析到模型构述 …………………………………………………… 75

第 5 章　估计方法的问题与潜能 ……………………………… 86
5.1　先于模型选择的参数估计问题 ………………………… 88
5.2　以模型选择为职能的估计法 …………………………… 95
5.3　模型选择之后的估计推断 ……………………………… 100

第 6 章　预测的认知问题 ……………………………………… 108
6.1　艰难曲折的模型预测历程 ……………………………… 111
6.2　预测推断与因果解释模型的可学性 …………………… 116

结束语 …………………………………………………………… 127
参考文献 ………………………………………………………… 132
主题词索引 ……………………………………………………… 148

第1章
CHAPTER 1

现实经济的模型抽象

1.1 绪论

概率思维是用数据验证经济理论的认识论基础,基于概率论的统计推断方法是实现验证的必要手段,这便是哈维尔莫力推的概率论方法之大纲。维系该大纲的论辩大致分三个层面。一是经济理论的经验证伪决策需要由概率尺度来划界;二是经济理论的经验测度需要用概率手段来实现;三是经济变量的数据量化本身也存在着不可忽略的不确定性,因此需要把它们视为随机变量。正是由于不确定性无所不在,随机模型便理所当然地被作为连接理论与数据的"桥梁",而基于概率论的经典统计学则被视为将经济计量学技术正统化和系统化的基础框架。[1]从这一基础框架出发,哈维尔莫将经济计量学的技术议题主要划归为理论假说检验和模型参数估计两部分,分别在哈维尔莫(1944)的第4章和第5章做专门讨论。随后他还用第 6 章简述了模型预测问题。

有必要指出，在哈维尔莫的大纲之前，就概率理念是否可充分概述现实中的不确定性问题，经济学家是持保留和怀疑态度的。这里，最经典的论著是 1921 年出版的两本书：凯恩斯（Keynes）的《概率论专论》（*A Treatise on Probability*）和奈特（Knight）的《风险、不确定性与利润》（*Risk, Uncertainty and Profit*）。他们的质疑点主要有二：其一，未来经济的不确定性不是依历史数据可充分预测的；其二，即使需要用量化测度精确抽象地表述经济理论概念过程中的不确定性，概率尺度也不是一个通用可行的尺度。然而百年以来，虽然有关概率理念之局限性的讨论延绵不休，但是讨论范围基本徘徊于经济学思想史及方法论学界中[2]，未能在经济计量学界引起多少关注。即使丁伯根（Tinbergen）开创性的宏观计量模型研究一问世就受到凯恩斯对模型方法的严重质疑[3]，其威慑作用也是转瞬即逝。经济计量学作为当今经济学中的一个基础分支，其主干是依哈维尔莫的概率论大纲而发展成型的。面对分析大量经济数据的实际需求，统计分析工具的广泛应用势在必行。这使得沿袭凯恩斯质疑的反概率说辩愈发显得宽泛有余而实用不足了。

还需指出，哈维尔莫为经济计量学研究划界确立了一个前提条件（见原著第 10 页）：实证经济学理论模型是先验给定的，且模型能够满足为实证理论做统计推断的需要。[4]这一前提条件相当于为理论经济学与经济计量学的研究范围及任务划界，它也将经济思想史学界有关概率理念之局限性的争论屏蔽于经济计量学之外。不过，当提及模型来源的问题时，哈维尔莫坦言"建模是个创作过程，是一门艺术"（第 10 页）。这相当于默认了概率论并不适用于构述建模过程中的不确定因素的观点。[5]这也意味着，经济计量学研究的前提条件本身，具有尚无系统方法构述的不确定特征。这一点其实已被几十年来计量模型研究的大量实践结果所验证。的确，先验给定的理论模型通常无法充分满足为实证理论做统计推断的需要，存在着哈维尔莫的大纲所不能涵盖的不确定性。鉴于此，对于以建模研究为首任的经济学家来说，哈维尔莫的大纲既是无关的又是无助的。[6] 事实上，弥补先验建模中的不确定性已经成为应用模型研究者不可推卸的责任。应用研究中，这种"越界"行为不仅在经济计量学界内频频引发有关如何系统处理建模选择问题的争论，而且也不断激发经济方法论研究者对经济计量学之概率论基础的反思。[7]

在科学哲学中，根据 Hempel（1965）的演绎 - 律则（deductive-nomological）模型法则，模型之科学解释力的充分性需要反映在逻辑与经验两个层面上。作为理论载体的经济模型，其逻辑层面的充分性是依靠数学演绎推理来实现的。应用计量模型研究者需要广泛参与模型选择和修正的事实，便揭示了模型解释力不足的主要原因：先验模型的构述步骤本身缺失实现经验层面上充分性的手段。[8] 也就是说，先验构述模型的不确定性，主要源于建模者无法将经验信息充分考虑到建模过程中来，而对这种不确定性的量化并不能靠概率公理化手段来演绎实现。为了弄清量化这种不确定性的难点所在，我们有必要对利用模型手段将理论知识与数据信息对接过程中的不确定因素做缜密剖析。下两节便是沿哈维尔莫对概率论必要性的论辩思路，分别对量化经济变量和模型构述过程中的不确定因素展开剖析讨论。

1.2　量化经济变量过程中的不确定性

经济变量的测度不确定性是哈维尔莫概率论大纲的最基础论据之一。为了引入随机测度误差的理念来解释变量测度的不确定性，并且证明该理念的必要性，哈维尔莫对经济变量做了三种划分：可测变量、真实变量、理论变量。然而，依他的分类仔细推敲量化经济变量中的不确定性与概率论方法的关系，我们就能发现，前者之特征或形式要比基于概率分布形式的随机误差概念更加隐晦复杂，在不少场合下，前者并不能用概率统计推断手段来有效构述和处理。量化变量中的不确定性需求，致使概率方法成为系统构述变量测度随机特征的必用之法，这一逻辑诉求其实是皮相之谈。

让我们从可测经济变量入手。以可测性划分，大多数经济变量的定义直接对应于量化测度，如收入、消费、产出、成本、利润及价格等，无直接测度的变量属于相对少数，如风险、效用、能力等。不过，经济学所关注的可测变量大都隐含一定程度的广义性。哈维尔莫把广义性抽象至极的变量称为"真实变量"。在经济统计数据中，真实变量一般没有一对一的量化对应物。以收入概念为例：从规模层面看，宏观上有国民总收入、国民生产总值（GNP）、国内生产总值（GDP），微观上有家庭或个人总收入、最终收入、税后收入、可支配收入等；时间层面上则有月收入、年收入、固定收入及非固定收入等。价格概念的对应指标则更为繁杂多样。从规模层面看，宏观上有消费者价格指数、固定资产投资价格指数、进口和出口价格指数、金融市场股票和债券总指数等，微观上有单个商品的生产者供给价格、销售批发和零售价格以及平均价格指数，劳动力市场中有各种工资指数，金融市场中有各种有价证券的价格等；从时间层面看，价格数据也比收入数据更丰富密集，微观上有来自商品市场的日价、来自金融市场的逐笔交易价等。显而易见，抽象的真实变量与其相对应的各种现有统计数据指标之间的量化差距以及测度之不确定性范围，要远远超出经典统计推断分析所能考察的范围。

实际上，上述量化差距中很大一部分的不确定性，并不在经济计量学日常研究的视野范围内。这主要是由两方面原因综合所致：数据来源与变量用途。依统计数据来源分类，绝大多数经济数据属于间接的二手数据，由政府专职部门、金融市场及国际机构组织收集发布。这类数据不同于统计学一般要求的由研究者直接设计采集、专题专用的一手数据。二手数据的经济指标反映真实变量的精度十分有限，其精度误差通常要远超出概率尺度可量化的范围，属于公认实情。即使就同一指标而言，统计方法不同，得出的结果也会有明显差异。例如，对于一个国家的总收入来说，最常用的 GDP 有两个统计口径：从最终支出口径统计的指标、从三个产业生产口径统计的指标。这两个 GDP 指标常常有明显差异。对于大多数应用计量模型研究任务而言，如何增进统计指标反映真实变量的精度，属于数据发表部门的职责。只要所发布的指标的统计口径不变，这些指标相对于真实变量的测不准性就是可忽略不计的。对于经济政策研究和实施者来说，综合判断大量二手数据中的有用信息，是他们深入了解现实经济的一项任务。他们关注的经济变量，通常只能靠正式发表的相应指标来考察。他们的关注所在，也只是模型对特定指标在一定的规模和有限时间范围内的预测，而不是对指标所对应的真实变量的无界推断。具有明确的场景针对性及可测指标的针对性，其实是经济计量模型结果获取实用价值的必备前提。

那么在什么情形下，变量的测度误差问题是属于经济计量学需要考虑的不确定性呢？当研究任务是解决变量在模型外不可测的问题时，就显然属于这种情形。这时研究关注的变量被视为潜变量。有必要指出，经济学家对潜变量的关注，反映着以可测性为划界变量的标签的模糊性。仍以价格变量为例。虽然价格这一概念本身直接对应量化测度，但是在不同的加总需求下，价格指数的构造仍然成为需要由经济计量模型研究的潜变量。例如在微观经济学中，不少商品的品牌、型号及质量多种多样，如汽车、房产、各种电子产品等，要综合测度这类商品的价格指数，就需要把商品中单个产品质地差异造成的价格差异部分剔除掉，于是便产生了过滤单个产品特质效用的商品"去特征的价格模型"（hedonic price model, HPM）①。

对于任何定义抽象的潜变量来说，它与由某个测度模型生成的潜变量指标之间也不具有一对一的关系。这时，若用随机误差来描述由不同模型生成的指标与原定义潜变量间的差异，不同指标之间的差异就应该体现在随机误差大小及分布性质的差异上。由此我们就可以把寻求随机误差最小化、纯噪声化作为筛选指标的目标。不过，由于潜变量之不可测的本质，上述筛选目标只能通过衡量指标是否基本具有我们对潜变量预期的特性来实现。显然，指标的筛选过程其实就是对生成指标的不同测度模型对于数据吻合度的筛选过程。而不同模型之间通常存在着无可避免且非平凡（亦即非纯噪声可以刻画的）的不确定因素。那么，使用概率论方法是否能够有效地处理这种不确定因素呢？寻找该问题答案的过程又把我们带回了上节末的结论，即我们需要认真剖析采用先验模型与数据信息对接时的不确定因素之源。

从哈维尔莫所定义的变量分类视角看，上述讨论与"理论变量"的关系密切。模型其实就是理论假说的试验载体，而测度上述潜变量的指标又是模型模拟生成的，我们就应可把这些指标归于理论变量一类。不过，这一归类难免会引起我们对理论变量与真实变

---

① 国内通常把 HPM 模型译为"特征价格模型"，但这个译法不准确。HPM 模型的本意是基于效用理论，通过滤出商品效用特征的方法来构造价格指数的模型。因此，"去特征的价格模型"的译法应该更为贴切。

量间的本质区别以及该分类的现实作用的质疑。毕竟，真实变量也是一个纯抽象概念，与现实观测到的变量之间不具有一一对应的关系。要想解除质疑且在学界内对变量分类方式达成某种共识并非易事。相对来说，由上述讨论较易达成的共识是，从建模方法论的角度看，测度模型的选择问题与非测度模型的选择问题并无本质区别。这意味着，我们可以通过分析研究者所选模型之构述的不确定性问题，来考察经济计量研究中有关模型所测度变量的不确定性问题。

1.3 理论模型与经济现实

让我们先从上节列举的商品 HPM 入手，来考察模型之构述的不确定性。假设我们有 $T+1$ 个时段（$t=0，1，\cdots，T$）上的横截面样本，每个样本包含某类商品中单个产品的出售价格 p_i 及主要特质信息 x_{ij}（$p_i \mid x_{ij}$；$i=1，\cdots，n$；$j=1，\cdots，J$），而且样本量充足。为了便于分析，我们这里避繁就简，以最常用的毗连时段虚拟变量模型形式为例。[9]将毗连两个时段的横截面样本整合即串联为一个混合截面样本，做下述回归估计：

$$\ln(p_i^{t,t+1}) = \beta_0 + f(z_{ik}^{t,t+1}, \beta_k) + \alpha^{t+1} D_i + \varepsilon_i^{t,t+1} \qquad (1.3.1)$$

式中的 z_{ik}（$k=1，\cdots，K$）是基于特质 x_{ij} 上的单个产品质量变量，可以选择的定义有：$z_{ik}=x_{i1}$ 或者 $z_{ik}=\ln(x_{i1})$、$z_{ik}=x_{i1}x_{i2}$、$z_{ik}=x_{i1}^2$ 等。D_i 是时段虚拟变量，在 t 时，$D_i=0$，在 $t+1$ 时，$D_i=1$。参数 α^{t+1} 表示在剔除单个产品特征效应后，该类商品从 t 时到 $t+1$ 时的纯价格变动，因此是本模型的关注参数。该类商品的时序价格指数可由 T 个混合截面样本估计来的该参数之幂指数时序 $\{e^{\hat{\alpha}^{t+1}}\}$ 算出。显然，基于产品特征效用理论所构造的不同模型，即对 $f(z_{ik}^{t,t+1}, \beta_k)$ 的不同设定，会生成不同的 α^{t+1} 估值。实践中，从上述模型研究反映出的常见问题有二：残差项 $\hat{\varepsilon}_i^{t,t+1}$ 不满足统计学期待的白噪声性质的问题，以及模型参数估值 $\hat{\beta}_k$ 缺乏时不变性的问题。二者均是先验给定的 $f(z_{ik}^{t,t+1}, \beta_k)$ 存在经验解释力不足的表象。应用建模者对上述两个问题的诊断和处理大致可归为两个方面。一是消费者对产品某个特质的支付需求超出简单线性关系的描述范围，因此需要根据样本信息对单个 $z_{ik}^{t,t+1}$ 做出仔细认真的设计筛选；二是数据样本涵盖的消费者需求差异超出单个连续函数的构述范围，需要考虑剔除样本中的异常值或离群点，或者考虑采用广义加性模型形式。这两种途径都需要做数据试验，试验自然会影响和改变 α^{t+1} 的估值。[10]值得注意的是，在处理上述建模不确定性的试验过程中，基于概率论的统计推断工具的作用是有限的。而用统计推断工具对 α^{t+1} 的估值做显著性分析，却需要以上述后验建模试验得到满意结果为前提条件。

诚然，HPM 不是经济计量学的典型案例，潜变量的模型测度问题也不为大多数应用建模者所关注。验证某种先验假设的经济行为因果关系，才是经济计量模型主流研究的关注点。不过，在这类模型的研究中，上例所述的通过数据试验来修正选择模型的情形处处可见。是什么原因造成这种局面的呢？让我们来分别考察分析横截面样本和时序样本的两类行为模型之基本特征[11]，来寻求问题的答案。

分析横截面数据的模型以微观模型为主。微观模型中的理论大都属于基于局部均衡假说的行为因果关系，如 $x_1 \rightarrow y$。现将容量为 n 的横截面数据样本记为 $(y_i | x_{ij}; i = 1, \cdots, n; j = 1, \cdots, J)$，其中的变量集 $(x_{i2}, \cdots, x_{iJ})$ 包含其他可能作用于被解释变量的自变量，通称为控制变量。这时就有类似于（1.3.1）的回归模型：

$$y_i = \beta_0 + f(x_{i1}, z_{ik}; \beta_k) + \varepsilon_i \qquad (1.3.2)$$

式中的 $z_{ik}(k = 1, \cdots, K)$ 表示基于 x_{ij} 的特征变量，其设计原理类似

于 HPM 一例。这里唯一不同的是，由先验理论决定的关注参数是定义在函数 $f(x_{il}, z_{ik}; \beta_k)$ 之内的。实践中，横截面模型之拟合度通常较低，意味着数据信息大都被滤出模型。残差项 ε_i 不满足统计学期待的白噪声性质是普遍存在的现象，这一现象也基本被视为常态。一个通用的解释是个体行为者的异质性。教科书讲授的控制该异质性的主要途径是施加虚拟变量，如固定效应和随机效应方法。不过，这些方法对于模型拟合度的改善效果并不十分明显。确保关注参数估值的可信度，通常是微观模型研究的重心。为此，式（1.3.2）函数中的变量 z_{ik} 选取则是必须考虑的问题，且只有通过后验试验才能加以解决。试验的一个目标，是从先验关注的因果关系出发，排除遗漏变量有偏性的风险。不过，该风险的规避并不能绕开模型拟合度普遍偏低的难题。先验理论一般被视作担保关注参数估值之广义性的坚实依据，而参数估值是否的确具有不变性的问题却几乎无人问津。

在分析时序样本的宏观模型研究中，出于对模型预测性能的考虑，参数估值的不变性是一个备受关注的问题。传统宏观计量模型的基石是静态一般均衡理论。由于模型预测的需求驱导，当今的宏观计量模型都是建立在动态理论基础之上的，如基于合理预期假说的模型。向量自回归（vector autoregression，VAR）模型是宏观计量模型研究中最常见的形式。以如下的开式 VAR 为例：

$$Y_t = A_0 + \sum_{i=1}^{l} A_i Y_{t-i} + \sum_{j=0}^{l} B_j X_{t-j} + \varepsilon_t \qquad (1.3.3)$$

式中的 Y_t 为被解释变量向量集，X_t 为其他有关变量向量集，A_i 和 B_j 为参数矩阵。[12] 与分析横截面样本的微观计量模型相比，VAR 模型的拟合度往往要高很多，残差向量 ε_t 也往往基本满足统计学期待的白噪声性质。导致这一结果的主要原因是相对小的样本容量与模型被解释变量表现出的显著时滞惯性。宏观计量模型从静态走向动态化,就是为满足系统刻画这种惯性而努力的结果。然而,通过后验试验来修正模型的情形仍无处不在。这主要体现在两个方面:对于 VAR 的滞后阶数 l 的选择与对于 X_t 集的选择。由于 l 引致的过度参数化是 VAR 模型的一个薄弱环节,它不仅受到样本容量的局限,而且影响模型内含的静态均衡关系的参数估值。动态计量模型中,与静态均衡关系的参数相对应的参数为长期参数,它们是确保模型经济理论解释力的关键参数,而它们的估值与 l 密切相关。至于 X_t 集的选择问题,时序样本大都包含具体经济体制上的某些特质信息。这些样本所含的特征是被理论抽象掉的,却是经济预测所不能忽略的因素。宏观经济经历的"体制冲击"或"体制转型"会导致模型预测的系统失误。这种失误就意味着模型中的某些参数丧失了不变性。而且在体制冲击面前,长期参数估值之不变性的承受力往往要比短期参数估值的低许多。

上述分析表明,在数据面前,先验理论模型普遍暴露出解释力欠充分性的缺陷。因此,参照数据信息修正模型这一步骤不仅无法规避,而且是实现理论假说统计推断检验的必要前提。需要修正的主要是两个互相关联的方面。第一,输入变量筛选。无论先验理论模型的构造多么复杂精细,都难免忽略了某些与被解释变量有关的导因,特别是被动观测的数据样本所反映的属于特定经济体的导因。只有通过对数据的后验分析,我们才能判别和解决这些被遗漏的导因是否会影响建模者所关注的因果假说之验证的问题。第二,输入变量的设定形式。经济理论中的许多因果假说都与所涉变量的规模特征有关。如收入和消费这类流量型变量以及储蓄和库存这类存量型变量,它们在多元回归模型中缺乏统计学所期待的解释变量间的互不相关性。这也是建模者面对理论假说检验任务时担忧遗漏变量有偏性风险的一个主要原因。因此,仔细设计输入变量形式,参照数据信息尽量避免变量间的相关性,以提高相应参数的个体解释力,是处理上述变量规模特征的唯一途径。动态模型研究中对变量长期、短期的区分设计,便是为实现此目标而努力的一个范例。另外,在采用由开放世界被动观测得来的样本拟合的模型做统计推断时,我们还需意识到推断"总体"的不确定性。只有澄清模型在什么情况下具有满足泛化的经验规律性,以明确模型适用的总体界限,我们才能确立经济计量模型的实用价值所在。由于经典统计学是设计在推断总体明确已知的前提基础上的,这一定界任务是无法单靠统计推断工具来完成的。综上所述,为了测度和验证经济假说理论,我们首先需要参考数据信息、尽量排除上述各不确定因素,以设计和选择出既嵌套关注理论假说又被数据接纳的模型。这一建模过程可以由理论驱导,也可以由数据驱导,但必须是一个理论知识和数据信息结合使用的过程。对建模过程中各不确定因素的处理,会涉及一系列的选择决策,其决策范围远远超出经典统计学的框架。[13]反思起来,哈维尔莫将该过程描述为"一门艺术",实属无奈之举。

哈维尔莫虽然把理论建模任务从经济计量学的研究范畴中分离出来,但他对该任务的重要性一清二楚。他用了一整章的篇幅来描述构建的模型须具有的基本性质,即模型中假设的行为因果关系必须具有"不变性""简洁性"和"自律性"(见原著第2章)。在单一依靠先验理论建模的模式下,严格的数学演绎推导被普遍视为确保模型满足这些基本性质的手段和途径。但是,大量应用结果业已表明,这一信念犹如痴人说梦,经济计量学研究者必须面对先验模型欠缺上述性质给本学科带来的麻烦。[14]近年来崛起的机器学习理论,首次将上述性质作为建模的原则标准归入统计学习的体系,将如何参考数据信息来建模的"艺术"过程转换成一个有序的科学归纳学习过程。鉴于此，我们将在第2章概述和讨论有关统计建模的机器学习基本理念和原理。第2章着重强调了概率近似正确学习（probably approximately correct learning）、结构风险最小化准则（structural risk minimisation）等基础概念。该章表明，在以探索构建具有泛化性的模型的目标下，要想通过对样本信息的有效系统归纳来学习得到吻合数据特征的模型，就必须摆脱经典统计学框架的束缚，采用机器学习的基本理念，根据建模中决策的具体需求来选择恰当的数学工具。[15]

一旦基于机器学习理论的建模步骤被正式归入经济计量学的研究范畴，学科的疆界就会大为扩展，研究问题的主次结构就会面临重组。为此，我们需要重新审度哈维尔莫的概率论方法构架。继第2章之后的各章就是朝这个方向的探索尝试。在第3章，通过反思和考察概率在经济计量学研究中的基本功能，我们发现，成功研发的大多数应用计量模型其实并没有也不需要以学界公认的所有变量之联立概率分布为基础。从经济理论角度看，绝大多数因果假说的先验模型构述属于确定性数学逻辑推理过程，并不涉及随机分布函数。在模型构建过程中假设所涉变量是取自某随机分布空间的主流经济计量学做法，其实是一个冗余环节。相应地，基于开放世界场景、经后验学习确定有实用价值的经济计量模型大都属于判别式，而不属于生成式。因此，在基于先验知识和后验数据信息的综合归纳模型学习过程中，概率测度基本就是一种辅助学习的判别决策工具。其后的三章继续沿着哈维尔莫一书的结构，进一步分析探讨概率论的这种辅助用途在假设检验、参数估计和预测三个层面体现的特征。

第4章的讨论表明，对于实证经济学理论的课题来说，统计假设检验的框架一般是远不能胜任其验证研究任务的。对这些经济学课题的模型构述和验证需依据机器学习原理来实现。模型学习的需求使假设检验的诊断性功能上升到首位。不过，基于验证性统计推断的诊断性假设检验在模型学习过程中的作用有限，因为学习首选的统计工具手段是探索性的，而不是验证性的。同时，这种学习需求又把经济计量学的重心从传统的结构参数估计和检验转向模型的忠实构述之上。本章通过两个实例来说明这一转型的重要性。

第 5 章分析主流经济计量学以参数估计为中心这一研究策略的认知缺陷，阐明估计法在模型学习过程中的首要功能也是辅助模型选择决策。只有在学习到了既满足机器学习倡导的结构风险最小化准则又具理论解释力的模型之后，参数估计法的推断性质才可能进入议事日程。本章还简述了有关模型选择之后的估计推断问题。

第 6 章以澄清经济计量学界对于模型预测理解上的认知问题为主旨。本章通过简要回顾经济计量学力求用模型预测经济的起伏历程，揭示了学界中将因果解释模型与预测模型分立看待这一流行观点的认知缺陷，强调了因果解释与预测功能在模型学习中的相辅相成关系。接受并认可了模型学习的必要性，我们就必须摒弃学界中对预测概念的狭窄理解，将后验测试模型的泛化力亦即模型的预测功能也视为预测概念内涵中的一部分。对于预测概念认知的扩展，势必波及学界对理论模型的传统定义划界。而一旦依据 PAC 可学性原理来学习和推断模型的途径被广泛认可，作为构建实证理论模型的有效途径，概率论在经济计量学中的最基本用途也必然被重新定位。

注释

〔1〕从历史角度看,在哈维尔莫之前,推举使用概率模型的就有 Koopmans(1937)和 Wold(1938)两部专著。不过就方法论涉及的范围和深度而言,它们都不能与哈维尔莫的专著媲美,详述可见 Qin(1993,第1章)。另外值得一提的是,作为哈维尔莫恩师的弗里希(Frisch),在对概率概念的认识方面,要比哈维尔莫更睿智达观,如参见弗里希1930年在耶鲁大学的讲座文字稿(Bjerkholt and Qin,2011,第1章)。

〔2〕有关这方面更为详细的讨论可参见 Bateman(1990)、Davidson(1991)、McCann(1994)以及 *Cambridge Journal of Economics* 在2021年为纪念凯恩斯和奈特专著出版百年而制作的专辑(第45卷第5期)。

〔3〕凯恩斯的质疑是以对丁伯根1939年《商业周期理论的统计检验》的书评形式发表的。Hendry and Morgan(1995)中的第六部分"丁伯根之争"概括了当时有关方法论讨论的原文。

〔4〕Koopmans(1950,第17章)对模型在什么条件下能够满足实证研究需要做了细致讨论。不过,他总结的条件是以联立方程模型的识别性为重心的,与本节最后一段讨论的有关模型充分性的条件截然不同。

〔5〕有关不确定性的行为溯源讨论,可参见 Bradley and Drechsler(2014)。该文从人的决策行为的角度,对不确定性做了分类。

〔6〕详述可参见 Eichenbaum(1995)。

〔7〕有关经济计量学界关于建模性质评价的讨论综述,可参见 Qin(2013a,第9章);至于经济学方法论界对经济计量学基础的反思,可参见 Rowley and Hamouda(1987)及 Stanley(1998)。

〔8〕有关这一结论的正规系统论述可参见 Stigum(2003,第Ⅲ部分)。

〔9〕Griliches(1961)一文是公认的 HPM 模型研究的开拓篇;有关 HPM 研究的综述,可参见 Triplett(2004)及 Hill(2013)。

〔10〕秦朵和刘一萌(2015)对 Raff and Trajtenber(1996)采用 HPM

模型对美国汽车业兴起时期的汽车价格指数做了重新考察，她们通过模型的仔细筛选得出的价格指数，与 Raff and Trajtenber（1996）得出的指数差异显著。

［11］横截面样本和时序样本的延伸是版面数据样本。现有分析版面样本的模型技术都是从前两者延伸而来的，亦即它们不是以时序分析技术为主线的延伸，便是以横截面分析技术为主线的延伸。因此，这里就不考虑分析版面数据样本类的模型了。

［12］Sargent and Sims（1977）是公认的 VAR 模型最初的系统倡导性研究；至于 VAR 模型的发展史，可参见 Qin（2013a，第3章）。

［13］值得一提的是，在 Kardaun *et al.*（2003）一文中，建模过程中不确定因素的决策问题被统计学家们描述为"含义隐晦"的问题。

［14］有关经济计量学史上对于建模问题的方法论的不休争论之概述，可参见 Qin（2013a，第9章）；从科学哲学方法论角度探讨理论模型与经济现实关系的文献，可参考 Mäki（2002）和 Rodrik（2015）。

［15］有关机器学习中的统计学习方法与经典统计学方法的认识分歧的讨论，可参见 Breiman（2001）和 Efron（2011）。

第 2 章
CHAPTER 2

经济关系式的可学性

哈维尔莫在进入经济计量学的技术层面讨论之前,将他第 2 章的整个篇幅用于讨论经济学家所关注的基本问题:"我们是否有任何希望建立起合理的模型,来增进我们对现实经济生活的认识"(原著第 11 页)。回瞻易见,哈维尔莫这章中的不少思想从未被公理化地融入经济计量学,但却与机器学习的原理不谋而合。他对建模的最基本要求是:模型必须体现"经济规律的持久程度"(原著第 12 页)。这一要求与机器学习对模型泛化性的追求不谋而合。哈维尔莫所描述的经济学家作为被动观测者的处境,以及他所强调的"**实际试验设计**"(原著第 13 页)建模理念,与机器学习中的统计数据分析基本场景如出一辙。

本章旨在引入机器学习理论来规范更新哈维尔莫的建模思想。第 2.1 节指出,从哈维尔莫的第 2 章中列举的建模所需处理的多种难题看,他所描述的建模实质上是一个机器学习问题。他对模型需有"经济关系的逆转性"(原著第17页)的要求,正是机器学习算法所力求实现的。这些算法的设计主旨,是通过对现实数据生成机制进行逆转性设计,来学习选择出最吻合数据结构和规范的应用模型。第2.2节集中介绍机器学习中可学性理论的要旨,并且讨论可学性理论对于经济计量学的适用性。最基础的可学性理论始于对均匀学习问题的构述,可学性定义在概率近似正确学习的概念上,以经验风险最小化(empirical risk minimisation,ERM)作为基本优化准则,并以权衡选择模型泛化的偏误－复杂度作为基本理念。第2.3节简述有关非一致性学习问题的可学性理论,该理论是对PAC可学性理论的扩展,其基本准则为结构风险最小化(structural risk minimisation,SRM),其他的准则包括奥卡姆剃刀定律(Occam's Razor)、模型的一致性和稳定性。这时,模型选择的偏误－复杂度权衡理念,也等价于拟合－稳定性的权衡理念。显而易见,哈维尔莫所强调的经济规律表达式的"简化性"和"自律性"[1],终于在可学性理论体系中得到了精练严谨的规范表述,成为经验模型可学性的一部分。最后的第2.4节综述机器学习问题的分类,并讨论这些分类对经济计量学建模问题的启迪。

有必要指出,哈维尔莫所关注的一个要题是静态联立模型的逆转性问题。不过,以往数十年的大量经济计量学研究业已表明,经济变量间复杂的动态相关关系体系,远远超出静态联立模型所能表述的范围。在任何多方程动态模型体系中,如何降低其中每个单一经济关系式构述中的不确定性,实现其最优泛化能力,才是建模研究的最基本问题。因此,这一基本问题便构成本章的重心。有关由静态联立模型欠逆转性而引致的内生有偏性估计解法,我们在第5章再做讨论。

2.1 经济关系式的构建应属统计学习问题

为了验证经济理论假说，在将假说转换表述为数学关系式时，关系式必须满足一定的性质条件。哈维尔莫在他的第 2 章详尽讨论了三条必备性质：在开放和多变现实中的常定或持久性、被动数据中的可观测性（亦即逆转性），以及结构的高度自律或不变性。哈维尔莫对构建具有这些性质的关系式的可能性充满信心，但他也深知实现目的的难度。他讨论的难点大致分为下述几个方面：①先验理论通常以理性经济行为作为假设前提。在现实中，这一假设对于个体行为者来说往往过于简单笼统。②经济理论往往只关注某几个特定变量间的因果关系，此时通常假定**其他情况均保持不变**，以此作为忽略其他因素的前提。在开放场景中被动观测到的数据面前，这一假定前提是站不住脚的。③当理论关注的因果关系中，多个输入变量间存在显著相关性时，很难从被动观测的数据信息中将单个输入变量的影响分离出来。④现实中的政策及体制变动属于常态，个体行为者时常需要面临和适应新"环境"（原著第 20 页）。因此，样本总体的不确定性甚至是总体的变动，都是我们分析由开放场景被动观测到的数据时不能回避的问题。

上述难点所共同反映的，正是我们在上章指出的先验模型构述不可避免的经验不确定性。另外，哈维尔莫对经济关系式的性质要求，也不是纯先验模型构述所能确保的，必须经过后验实验来甄别。这表明，哈维尔莫对实证性模型构述研究的最基本标准要求，其实正是上章指出的模型构述在经验层面上的充分性。用哈维尔莫的话来说："实验设计……是任何量化理论的一个核心附件。"为了强调实验设计的重要性，他还引用了罗素的名言："实际的科学过程是观测、假设、实验和理论交替的进程。"（原著第 14 页）如今看来，他的"实验设计"其实预示着基于计算机试验的统计学习方法，通常简称为"机器学习方法"。机器学习是专为分析开放世界中的未知数据机制而发展兴起的学科。这里值得一提的是，在 Valiant（2013）详细解说 PAC 的理论构思时，他把机器学习所针对的场景称为**理论贫乏**（theoryless）场景，以区别于那些自然科学知识相对充足的**理论丰富**（theoryful）场景，例如物理学所研究的场景（第 1 章）。当我们在理论贫乏场景中考察和研究问题时，在理论丰富场景中通用的严格数学形式演绎推理手段往往缺乏效力，而可用的常识性知识则是我们选择决策、处理问题的主要依赖手段。必须看到，在常识性知识的形成过程中，起着决定性作用的一环便是人类对案例的归纳学习。机器学习的主旨便是模拟人脑的这种学习认知功能。

在理论贫乏场景中构述模型，亦即模型推断，是机器学习的核心任务。为了和统计学的参数估计任务相对照，该模型构述任务也被称为"函数估计"。[2]在模型学习过程中，研究者对模型关系式的性质要求被转换为选择模型的准则，以便于计算机协助研究者搜寻既具有数据相合性质又能满足他们研究目的的模型。在当今的计算机时代，哈维尔莫所要求的"实验设计"已经成为机器学习的日常工作部分。下面我们就来简述一下机器学习对模型构述学习任务的基本构架。

将经济学假说关注的因果关系记为 $X \to y$，其中的 X 表示因果关系中的自变量集，y 表示因变量。对 $X \to y$ 施用经济学通用的优化准则，一般就得出由参数集 κ 测度表示因果关系的函数式：

$$y = h_p(x_1, x_2, \cdots, x_k; \kappa) \qquad (2.1.1)$$

由于优化准则通常被转化为数学函数的凸性，相应得出的 h_p 就是 κ

的线性函数。不过，先验构述的 h_p 一般不具数据相合性。现将在理论贫乏场景下的模型构述任务设为：

$$y = f(x_1, x_2, \cdots, x_k, z_1, \cdots, z_m; \beta) + \varepsilon \qquad (2.1.2)$$

式中的 $(z_1, \cdots, z_m)$ 是被理论式（2.1.1）抽象省略掉的变量集，$\kappa \subset \beta$，函数 f 代表具有数据相合性的正确关系式。然而，f 不仅先验未知，而且其后验可知性也不确凿。因此上式中包含了一个噪声或误差项 ε。研究者的学习目标就是 f，即是利用现有数据集 $\mathcal{D}$ 寻求或推断该目标函数的最优近似函数 $h_{\mathcal{D}} \approx f$。完成任务的手段是设计学习算法。算法应包括所有有关可行关系式的准则以及数据相合的条件等。例如，哈维尔莫提出的关系式参数的常数性、式中围绕理论关注参数 κ 的结构不变性。不难看到，学习任务 $h_{\mathcal{D}} \approx f$ 的设定本身已经体现了哈维尔莫要求的"经济关系式的逆转性"了。而他列举的难点则意味着一般有 $h_p \neq h_{\mathcal{D}}$。

机器学习对统计学习任务的构架，实质上是以下述假设为前提的：由数学解析无法达到数据相合关系式的绝境，可以通过经验解的途径来克服。那么，这一可行性假设前提是否实际可信？采用归纳学习法得出关系式这条路径到底有多可靠？答案便在由计算数学而生的可学性理论之中。

2.2 体现逆转性的 PAC 可学性

让我们先来简述一下机器学习中可学性理论的基本要旨。该理论经历了半个世纪的发展已走向成熟，在不少机器学习教科书中都有系统的介绍。[3]

沿用上节的学习任务构架，即设学习目的是利用 $\mathcal{D}$ 来寻求推断未知函数 $f: X \rightarrow y$ 的最优近似函数。[4] 同时，根据先验知识，我们选定一个包含所有可能的函数之假说类 $\mathcal{H}$。为了通过 $\mathcal{D}$ 来从 $\mathcal{H}$ 中选出尽可能最优的 $h_\mathcal{D} \approx f$，我们需要在数据算法中设定最优判别准则。这里，最为直接明显的准则是 *ERM*。选择与 *ERM* 相应的损失函数 ℓ，求得函数 $h_\mathcal{D} = \text{argmin}_{h \in \mathcal{H}} \{E_{in}\}$，其中 argmin $\{\}$ 表示使目标函数取最小值的变量值，E_{in} 为综述经损失函数生成的样本内误差的统计量。

由于 $h_\mathcal{D}$ 的泛化性才是学习任务的最终目标，在完成了上述计算之后，我们还需要考察样本外的误差项，如考察 E_{out} 并将它与 E_{in} 作比较。这里，为了明确定义函数模型的可学性，机器学习理论便引入了概率近似正确学习（PAC）的概念。将 $h_\mathcal{D}$ 的样本外预测精度用参数 ϵ 表示。当以下概率水平 δ 相对小且在可接受的范围内时，若有：

$$P[\,|E_{out} - E_{in}| > \epsilon\,] \leq \delta \tag{2.2.1}$$

我们则称 $h_\mathcal{D}$ 为 PAC 可学的。阈参数 δ 一般被称为置信参数。更精确地说，式（2.2.1）表示，$h_\mathcal{D}$ 是在 $1-\delta$ 的置信水平下 PAC 可学的。值得注意的是，上述 PAC 可学性定义在两个近似参数 $\epsilon, \delta \in (0,1)$ 之上，定义中并不含对数据集 $\mathcal{D}$ 的任何概率分布假设，因此简称为**无分布**学习路径。[5]

显然，为了识别和认识在较高置信度下能够学习得到 $h_\mathcal{D}$ 的场景，我们必须仔细考察泛化误差项 $|E_{out} - E_{in}|$ 的大小与特性。考察的关注点大都在由 ERM 准则下选择的 $h_\mathcal{D}$ 所得的预测误差 E_{out} 的收敛条件。式（2.2.1）隐含着 $E_{out} \leq E_{in} + \epsilon$ 这一泛化界限。于是便有了以这一泛化界限为出发点的有关 E_{out} 收敛条件的各种定理，例如教科书中通常介绍的 Hoeffding 不等式、VC（Vapnik-Chervonenkis）维度、Rademacher 复杂性等。这些泛化界限大致可由下式来概括：

$$E_{out} \leq E_{in} + O\left(\sqrt{\frac{d}{N}\ln N}\right) \qquad (2.2.2)$$

式中的 N 表示数据集 $\mathcal{D}$ 的样本容量，d 为反映 $\mathcal{H}$ 之复杂度的维度参数，O 为通用的函数渐近符号，反映该项的收敛有界性。式 (2.2.2) 中括号内的表达式最为关键，它向我们揭示了泛化程度对 $\mathcal{H}$ 之复杂度和 $\mathcal{D}$ 之容量的密切依赖。为了控制泛化中的误差界限不扩大，若 $\mathcal{H}$ 越复杂，则所需的数据样本容量就越大。在给定了 $\mathcal{H}$ 的复杂度情形下，若再设定参数 $\epsilon, \delta \in (0, 1)$ 的值，我们就能根据泛化界限定理解出相应所需的 N 值，该解被通称为"样本的复杂度"。

由于 $h_\mathcal{D}$ 是未知函数 f 的近似函数，即有 $\delta > 0$，在非实验开放场景中，$h_\mathcal{D}$ 的误设程度便是机器学习理论关注的重心。通用的分析理念是，从 f 出发将 E_{out} 的期望值分解为：

$$\mathbb{E}[E_{out}] = [\mathbb{E}(h_\mathcal{D}) - f]^2 + \mathbb{E}[(h_\mathcal{D} - \mathbb{E}(h_\mathcal{D}))^2] = \epsilon_{app} + \epsilon_{est}$$
$$(2.2.3)$$

上式中的 ϵ_{app} 表示近似误差，ϵ_{est} 表示估计误差。从分解式可看到，为了实现泛化目标，建模者需要在 ϵ_{app} 和 ϵ_{est} 间做出权衡决策。由于 ϵ_{app} 测度的是近似函数距 f 的偏离，因此通常被视作学习函数的偏误。显而易见，ϵ_{app} 随着 $\mathcal{H}$ 复杂度的增大而缩小。ϵ_{est} 测度的则是在选定 $h_\mathcal{D}$ 下的经验风险，该风险通常随 $\mathcal{H}$ 复杂度的增加而上升，并随样本容量 N 的增大而减小。由于 f 是未知的，ϵ_{app} 只是一个纯理论测度，现实中对最优泛化目标的追求主要靠监测 ϵ_{est} 来实现，即通过监测在不同复杂度模型下 ϵ_{est} 的变动情况来做出权衡决策。在机器学习文献中，这一权衡被通称为偏误－方差权衡或者偏误－复杂度权衡。

为了通过监测 ϵ_{est} 而选择模型，应用中通常把已有数据集 $\mathcal{D}$ 分为两部分[6]：训练子集和测试子集，记为 $\mathcal{D} = \mathcal{D}_{train} \cup \mathcal{D}_{validation}$，且有

$\mathcal{D}_{train} \cap \mathcal{D}_{validation} = \varnothing$。这样,我们就能通过 $\mathcal{D}_{train}$ 获得 E_{in},并通过 $\mathcal{D}_{validation}$ 获得 $E_{validation}$,作为 E_{out} 的模拟。这两种误差都是通过综合 $\mathcal{H}$ 和 ℓ 的编程算法 $\mathcal{A}$ 而计算的。在机器学习中,$\mathcal{A}$ 的设计十分关键。在人工智能研究的影响下,一些机器学习研究者把人工智能文献中给神经网络起的别名"感知器"(perceptron)引用到算法上。因此教科书中也常将 $\mathcal{A}$ 称为感知器学习算法(perceptron learning algorithm,PLA)。

机器学习对于 ϵ_{app} 的关注和对偏误-方差权衡决策的强调,是反思经济计量学方法论的极好切入点。建立在经典统计学框架内的经济计量学是不考虑由 E_{out} 与 E_{in} 之间关系定义的模型泛化性质的。先验理论模型的普遍正确性是学科公设的假定前提。这一假定前提相当于完全忽略理论模型有 ϵ_{app} 的存在。于是就有了学科内对前定理论参数估计量的一致有偏性孜孜不倦的关注。机器学习的偏误-方差权衡理念警示我们,学界公设的上述假定前提很可能与现实不符。而一旦摒弃该前提,学界就必须重新审视其研究关注的重心。

那么,机器学习的 PAC 可学性理论是否就真正适用于经济计量学呢?前面的讨论业已表明,无论经济理论的数学推导逻辑如何缜密,面对现实数据,f 的先验未知性质是不容忽略的,采取后验模型近似逼近,是减少理论模型设定偏误的唯一可行路径。这里,我们再来考察一下 PAC 可学性理论中的三个元素 $\mathcal{H}$、ℓ 和 $\mathcal{D}$ 是否与经济计量学中的对应元素相互匹配的问题。几乎所有的实证性经济理论都是从效用或利润最大化或者风险或成本最小化的理性行为优化原则而推导出来的。如上节中式(2.1.1)所示,这类优化原则将经济关系式定义在凸函数假说类,而这一假说类正是 PAC 可学性理论形成的基础元函数 $\mathcal{H}$。在凸函数大类中,机器学习中常用的线性函数种类主要是针对两种学习目标而设定的：①目标变量 y 为连续变量；②目标变量 y 为离散变量，尤其是反映分类问题的二元变量。相应地，对应于 ERM 准则的通用损失函数 ℓ 有两种：用于回归式的二次损失函数即差方损失函数，以及用于分类式的逻辑回归损失函数。最初的 PAC 可学性理论始于后者，随后才扩展到前者。经济计量学虽然对优化准则会有不同的诠释，但在应用模型研究中采用这两类关系式的情形明显占据首位。PAC 可学性理论针对的数据样本，是沿用经典统计学的独立同分布假设条件收集的样本集。不过，可学性理论的近期发展已经从独立同分布条件扩展到专门针对随机时序数据样本的理论。[7] 总的看来，可学性理论中的三个元素与它们在经济计量学中的对应元素有着相当高的匹配程度。

显然，可用的经济数据样本量会对 PAC 学习理论在经济计量学的引入构成一个潜在约束限制。但从现有的经济计量学案例所用的数据样本看，样本量不足的制约还是相对较弱的。如上所述，经济计量学的绝大多数案例中所涉的假说函数类和损失函数都属于机器学习中常用的类型。机器学习理论方法一旦被经济计量学采用，应能扩展计量模型目前所能分析的应用问题范围，使经济计量学释放出更大的研究潜力。不过我们必须认识到，在处于理论贫乏场景下的建模学习过程中，PAC 可学性的范围面临一个严峻的局限，即算法计算能力的限制条件，亦即学习的计算复杂性问题。[8] 决定计算复杂性的一个关键点是，针对现实中的复杂问题，我们到底能够采用多么简洁的表述形式来刻画？在机器学习中，追求模型表述的简洁性其实是一条基本标准。反映这一标准重要性的最好例子是以 SRM 为准则的可学性理论的形成。PAC 可学性理论所采用的 ERM 准则，需要以经验风险一致收敛作为前提条件。但就现实中各种需要学习的问题而言，能满足这种一致收敛性的问题是有限的。以 SRM 为准则的可学性理论是针对非一致收敛型问题而构建的。这类理论所采用的基本衡量准则,恰恰与哈维尔莫在他的第 2 章讨论的两个理想建模标准——"简化性"和"自律性"——不谋而合。

2.3 简化性和自律性:奥卡姆剃刀定律与稳定性

当数据源于开放式不可控场景、样本又有限时,$N \to \infty$ 时的一致收敛条件就不能作为模型学习可依赖的状态了。这意味着,ERM 准则也就不再胜任以泛化为目标的归纳学习任务了。[9] 这时,我们仍可沿用式(2.2.3)所示的偏误-复杂度权衡理念,利用样本的 $\mathcal{D}_{train}$ 与 $\mathcal{D}_{validation}$ 子集分割,试验选择出泛化度最好的关系式。图 2.1 便是基于这种试验的学习曲线示意图。图中代表训练模型拟合误差的 E_{train},随着模型复杂度 d 的增加而下降。但代表模型测试预测误差的 $E_{validation}$ 却不具有相同的属性。$E_{validation}$ 的变化取决于 d 的特定临界阈值 d_c。只有当 $d < d_c$ 时,$E_{validation}$ 才随着 d 的增加而下降。而一旦有 $d > d_c$,$E_{validation}$ 则随着 d 的增加而上升。因此,通称所选 $d < d_c$ 的模型为欠拟合模型,而称所选 $d > d_c$ 的模型为过拟合模型。显然,未经上述试验选出的模型就不一定是泛化性最高的模型。做了上述试验,我们便可利用 $E_{validation}$ 的属性来取代由 ERM 准则引致的对一致收敛条件的依赖。具体地,我们在选择模型时,需同时考虑模型拟合与预测精度,亦即把模型拟合最大化与预测误差最小化同时编入学习算法中。

图 2.1 展示的 $E_{validation}$ 与 d_c 的关系告诉我们,预测误差的最小化与模型的复杂度息息相关。该标准实际上要求选择可实现预测任务中最为简洁的模型。在机器学习文献中,这一模型简洁性原则被通

称为奥卡姆剃刀定律。该定律源于 14 世纪逻辑学家奥卡姆"如无必要，勿增实体"的哲学思想。显而易见，哈维尔莫对于模型简化性的探求和思路，现已被机器学习中的奥卡姆剃刀定律有效并精准地反映出来了。

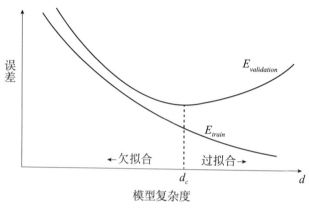

图 2.1　学习曲线示意图

正是由于 ERM 准则无法顾及非一致收敛性问题，以 SRM 为准则的可学性理论才应运而生。基于 SRM 准则的可学性理论的思路大致如下。[10] 首先，将假说类内的所有元素按"结构"等级排列为一嵌套序列：$\mathcal{H}_1 \subseteq \mathcal{H}_2 \subseteq \cdots \subseteq \mathcal{H}_i \subseteq \cdots$。再对每个 $\mathcal{H}_i$ 依 ERM 准则选择：$h_{i,\mathcal{D}} = \mathrm{argmin}_{h \in \mathcal{H}_i} E_{i,in}$。最后，在 E_{in} 最小化准则之上增加一条针对模型复杂性的惩罚法则 Λ，从而在上述所选出的一系列 $h_{i,\mathcal{D}}$ 中做出最后选择：

$$h_{i,\mathcal{D}}^* = \mathrm{argmin}_{1,2,\cdots}[E_{i,in}(h_{i,\mathcal{D}}) + \Lambda(\mathcal{H}_i)] \qquad (2.3.1)$$

式中的 $h_{i,\mathcal{D}}^*$ 即为依 SRM 准则学习得出来的模型。由于它规避了过拟合风险，复杂度符合图 2.1 中的 d_c，因此是满足奥卡姆剃刀定律的最优模型。以上的最后一个步骤也相当于从所有具有竞争力的假说模型中选取泛化界限最小的一个模型。[11]

以 SRM 为准则的可学性理论把预测误差最小化明确设为 $h_{i,D}^*$ 的选择约束条件。由于测试模型预测功能在学习中的关键作用,利用重复采样技术来分析在不同样本容量情形下的模型性质,就成为机器学习的一个专门研究课题。从变化 $\mathcal{D}_{train}$ 与 $\mathcal{D}_{validation}$ 分割的样本容量角度看,基于 SRM 准则所选模型的预测误差项的期望值必然具有一致收敛性。在可学性理论中,这种一致性被公理化为模型的稳定性,并由测度 $E_{validation}$ 的稳定程度表现出来。业已证明,模型的稳定性是泛化性或可学性的一般必备条件。检验模型稳定性现已成为学习算法设计中的一个重要环节。实践中,谋求偏误－复杂度权衡的最优选择也等价于谋求拟合－稳定性权衡的最优选择。[12] 不难看到,机器学习理论对于"稳定规则必无过拟合"理念的公理化,不仅是对哈维尔莫所追求的模型构述的自律性和简化性的简洁数学形式化,而且为这些建模标准的应用实施铺平了道路。

图 2.2 是机器学习模式的简要图示,以便于我们对经济计量学方法论的薄弱之处进行反思。值得一提的是,以上简述的可学性理论及图 2.2 的图示与经济计量学界对机器学习的流行看法有着显著差异。经济计量学界的流行看法是,机器学习是暗箱操作,单纯靠数据驱动追求预测拟合最优;而经济计量学的重心是解释经济因果关系,因此与机器学习存在本质分歧。其实,机器学习要比经济计量学更为重视理论模型的构述和选择。只不过由于假说类 $\mathcal{H}_i$ 的最初构述对专业题材知识的依赖性,机器学习只能把教科书的主体放在后续的数据分析方法与技术方面。由机器学习来的模型的成效主要体现在样本复杂性和泛化界限的约束程度这两个关键测度上,而这二者又与 $\mathcal{H}_i$ 的选择有着不可分割的联系。机器学习理论特别要求研究者在选择假说空间时综合考虑两方面因素:一方面,假说空间对于所关注的现实问题必须足够大,以满足研究问题的基本需求;另

一方面，假说空间对于现有数据样本又必须足够小，以满足选择模型时对于泛化性检验的需求。这意味着，研究者在选择假说类时需要有既防止欠拟合又防止过拟合的意识。不幸的是，这种建模意识在经济计量应用研究中普遍匮乏。更不幸的是，经济计量学中的两个基础概念——偏误性概念与一致性概念——与机器学习中对应概念的内涵大相径庭。它们在经济计量学中是狭窄定义在估计先验给定参数的任务场景内的。机器学习的建模视角，促使我们重新审视和评价这种狭窄定义的认识论基础。

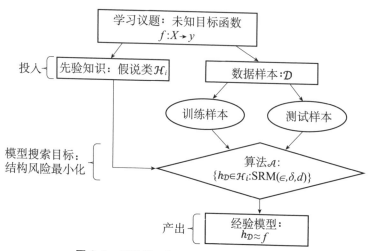

图 2.2　函数学习问题的可学习性理论示意图

显然，SRM 准则的实施需要在算法编程中引入多重决策准则与条件，其所用数学工具远远超出经典统计学工具箱的范围。更具体地说，$\mathcal{A}$ 的设计需要兼顾到计算数学工具与统计学工具的相合。更为重要的是，这一建模途径要求经济学家摒弃他们已熟悉的教科书式的应用计量模型研究范式，借鉴引入机器学习的成功经验，采纳更有效地融合先验知识与后验数据信息的建模模式。为此，我们必须要接受机器学习理论中的基础理念,这就必然在经济计量学界引起一场学科基本规则对策的变革。

2.4 由机器学习范式到经济计量学习任务的构建

以 PAC 概念为基础的各种函数可学性定理,都是针对所谓的有监督学习一类问题构造的。这类学习问题的划界要求是,所涉数据样本中的变量已被划分为输入和输出两类。输出变量亦称响应变量,是模型学习任务的目标,通称为**标签**目标。正是因为这些响应变量的标签,我们就可以把它们作为机器学习的范例,引导我们探求和选择输入变量,以有规律性地生成这些标签目标的最优模型。处理有监督学习问题最常见的模型有两种:一种是处理分类问题的逻辑回归模型,其目的是预测分类标记;另一种是一般的回归模型,其目的是预测数值标记。

与有监督学习问题相对应的是无监督学习问题。无监督学习问题所涉的数据样本中没有带标记的输出变量,所有变量都是输入变量,因此学习任务缺乏明确的范例引导。统计学中传统使用的主成分分析法就被视为一种处理无监督学习问题的模型。不过,目前无监督学习问题的主要模型当属聚类分析模型。与有监督学习问题的建模任务相比,无监督学习问题的建模任务要更为艰巨。由于缺乏标记范例的引导,研究者需要自行选取设定建模所需的准则和标准条件。显然,这些准则和标准条件的选取难以避免先验的有偏性,该有偏性也必然在模型输出结果中体现出来。

半监督学习问题是由有监督学习与无监督学习两类问题扩展而来的。[13] 常见的半监督学习问题是,所涉数据样本中只有有限数量的有标记响应变量。也就是说,引导学习任务的标记范例有限。另一种半监督学习问题是，所涉数据样本虽然没有任何有标记的响应变量，但从关注问题的先验知识中可以得到某种约束条件，它们对学习任务起一定的引导作用。与处理半监督学习问题的视角密切相关的是转导（transduction）推理的概念。转导推理与一般的归纳推理不同，它针对的不是从特例到一般（亦即从样本到总体）而是从特例到特例的归纳学习任务。转导学习的一种常用应用工具就是基于聚类准则的近邻分类算法。[14]

不难看到，经济计量学中的大多数应用研究都可归于有监督学习问题的范畴。这些研究不仅有先验因果理论关系的定位，而且还有含充分标记响应变量的数据样本。一般的回归模型与逻辑回归模型在经济计量学中的广泛应用是有目共睹的。诚然，在预测目标变量之外，经济理论往往会含有更多的条件要求，例如，某个因果关系应具有变量增量间的正向关系等。从机器学习的视角看，这些附加条件其实为学习任务提供了更多的引导信息，因此不改变有监督学习问题的范畴分类。而基于有监督学习问题的泛化可学性理论，为系统解决我们在第1章中列举的各种建模不确定性的难题指出了一条系统可行之路。可学性理论启迪我们，对于假说和数据做出什么样的条件要求，我们就能将建模的艺术部分转化为有章可循的科学部分。它还启迪我们，归纳学习模型的研究规范是与经典统计学的研究规范有实质性区别的。从机器学习的角度看，经典统计学专注的参数推断学习属于演绎问题，不属于归纳问题。

机器学习中根据输出标记信息对不同学习问题的分类，也警示我们有必要反思经济计量学可能存在的相关疏漏。这里提及两例。第一例是模型构造用于宏观经济预测的前导指数。这一课题源于约一个世纪前的经验式商业周期研究，是一项经济学家一直未能攻克的难题。从建模工具看，虽然现有技术手段已从早期通用的主成分分析法大有扩展[15]，但原则上仍然是把前导指数建模任务视作无监督学习问题来处理的。机器学习分类法警示我们，这一任务其实是含有一定的监督学习的目标信息的，该信息即为构造前导指数所期待预测的宏观经济变量！由忽略目标信息的模型生成的前导指数，系统性地欠缺对目标的预测力也就不足为怪了。第二例是微观计量学通称的限值因变量（limited dependent variable）模型。这类模型针对的数据样本，正属于有标签响应变量的数量是有限的一类。在泛用的一般回归模型的视野局限下，经济计量学把这类样本称为截尾（truncated）数据或者删失（censored）数据样本，把一般回归模型的欠适用性诊断为选择有偏性问题，并采用修改估计法的策略来处理。机器学习分类原理警示我们，这类模型应该属于半监督学习的研究范畴。的确，从相关的微观经济学课题考虑，这些课题最关注的并不是一般的归纳推理问题，而是转导推理问题，即与有限的有标签响应变量相关的群体的推理效应，如该群体的消费倾向或劳动力供给倾向等。我们在第 4 章再详细讨论有关上述两例的建模设计问题。

模型构述失误的危害及其后果之严重性无须赘述。这里仅引用英国统计学家 Hand 发表的《解构统计问题》（1994）一文中的一段陈述："模型构述与用统计学工具识别数据中的结构和模式相比，属于更高层次的问题；这是因为模型构述从起点上决定了被研究问题是什么、应用什么工具来处理的问题"（第 317 页）。鉴于此，统计学界流行将模型误构称为第三类错误，用来描述为研究问题误构的模型研发正确的统计检验和估计方案的做法。

在人工智能学界，上述"更高层次的问题"被归为"知识表示"（knowledge representation）或"机器推理"问题，并且受到广泛深入的探讨和研究。[16]这方面研究的主题是，为了便于实现机器学习任务，如何将人脑知识忠实而有效地转换表述为计算机可运算的工具手段。从认知角度看，除了要满足逆转性和简洁性，知识表示都具备两个最基本特性：主体论承诺和认识论承诺（ontological & epistemological commitments）。知识表示的本质是做出一组主体论承诺，亦即对现实的本性假定。这组承诺的选择本身并不包含对数据结构的任何承诺，但对研究的框架与视角起着奠基作用。从认识论角度看，知识表示必然包含一组推断，这组推断的选择与后续的计算机工程处理知识信息的方式和路径息息相关。任何推断都是不完全的，这一不完全性必然蕴含着不确定性。Davis et al.（1993）把这一特性称为"智能推理的不完全理论"。显而易见，数学处理上述不确定性的一种自然选择是采用概率论的因果推理方法。但概率论并**不是唯一的**推理方法，泛化可学性理论所选择的**无分布**学习的框架便是最好的佐证。这里，推断的不确定性只是明示在 PAC 概念中，但在泛化可学性理论中，并未对所涉数据的生成机制或假说模型类中的变量做出任何概率分布的假定。这种处理方法其实是对人工智能知识表示的主体论承诺的具体体现。将机器学习的可学性理论引入经济计量学，就意味着我们必须重新审视概率论在经济计量学中的作用，质疑其目前享有的绝对基础地位。下一章的主要任务便是反思概率论在应用计量模型研究中的实效，探索我们该如何依据机器学习理论，重新定位概率论在经济计量学中的作用。

注释

[1] 自律性这一概念是由弗里希首倡的，有关这一概念的历史回顾，可参见 Qin（2014）。

[2] 详述见 Goodfellow et al.（2016，第 5 章）。

［3］PAC 可学性理论是 Viliant（1984）首创的；有关统计机器学习理论的框架及权威性综述，可参见 Vapnik（1999，2003）。有关可学性理论的严格推导和详细讲解，可参见 Shalev-Shwartz and Ben-David（2014，第 I 部分）；在 Abu-Mostafa *et al.*（2012，第 1—2 章）和 Russell and Norvig（2016，第 V 部分）两本教科书中，则有关于可学性理论更为浅显的讲解。

［4］详述可见 Friedman（1994，1997）。

［5］在 Shalev-Shwartz and Ben-David（2014，第 4 章）中，不含任何规律分布假设条件的 PAC 学习理论，被更确切地定义为**不可知**（agonistic）PAC 可学性。因此，从认知角度看，PAC 学习理论是"尽量不附加实质性假定条件、不去约束实体对象"的理论，见 Valiant（2008）。另外值得一提的是，Doyle（1992）从经济学理性原则视角把 PAC 学习解释为"对概念的理性逼近"。

［6］在大样本情形下，可把数据集分为三个子集：训练子集、测试子集和检验子集。测试子集用于模型选择，而检验子集则用于对模型应用中的预测评价。

［7］详述可参见 Zimin and Lampert（2017）及 Dawid and Tewari（2020）。

［8］详述可见 Valiant（2013，第 3 章和第 5 章）及 Shalev-Shwartz and Ben-David（2014，第 8 章）。

［9］详述可见 Mukherjee *et al.*（2006）。

［10］详述可见 Abu-Mostafa *et al.*（2012，第 178 页）。

［11］值得注意的是，基于 SRM 准则的可学性理论与经济计量学建模研究中 Hendry and Richard（1982）倡导的"累进式研究策略"的基本思路不谋而合。特别地，Hendry 推举的各种简洁包容原则［如参见韩德瑞和秦朵（1998，第 14 章）］，虽然并未集中强调模型泛化性目标，却显然与奥卡姆剃刀定律密切相关。

［12］有关模型稳定性与泛化性的详述，见 Poggio *et al.*（2004）以及 Shalve-Shwartz *et al.*（2010）；有关不同权衡标准间关系的讨论，可参见

Shalev-Shwartz and Ben-David（2014，第13章）。

［13］详述可见 Chapelle *et al.* （2006）以及 van Engelen and Hoos（2020）。

［14］转导推理学习概念是 Vapnik 在20世纪70年代中期提出的，有关细节可参见 Gammerman *et al.* （1998）以及 Chapelle *et al.* （2006，第24—25章）。这里值得一提的是 Vapnik 原则：在为某问题寻解时，必须避免将一个新的一般性问题设为解决问题方案的中间步骤。有关近邻分类算法与转导学习的关系讨论，则可见 Gammerman *et al.* （1998）。

［15］有关综述可参见 Marcellino（2006）。

［16］详述可见 Russell and Norvig（2016，第 III 部分）。

第3章
CHAPTER 3

经济计量学中概率论的基本功能

哈维尔莫概率论方法的核心理念,是从不确定性无所不在的视角出发,提倡将经济学研究关注的所有可测变量用一个联合分布的随机变量空间来刻画,以此作为系统采用经典统计推断技术的理论基础。然而,上述理念的实施需有如下前提假设的支撑:变量集为一个明确的闭集,闭集中变量间的经济关系简单且易分解,从而使基于数据的测度任务足以通过经典统计推断路径来完成。这一假设显然是经济计量学的一条**关键性假设**。"与现实不符的假设尚可采纳,但与现实不符的关键性假设不可采纳",这是 Rodrik 在 *Economics Rules* 一书中提出的"对经济学家的十诫"之一(2015,第 116 页)。

本章便从反思经济计量学数十年应用研究的结果出发,明确揭示上述关键性假设与现实显著不符的现实。第 3.1 节从经济变量的联合分布设定出发,考察该设定对于计量模型形式选择方面的影响作用。概率论的一条基本法则是连锁法，即随机变量的联合分布可被因子分解为条件分布和边缘分布。然而，按连锁法把应用模型划分为基于边缘分布、条件分布和联合分布的三类模型，我们便可发现，只有基于条件分布的一类能够得到数据支持，而基于边缘分布和联合分布的两类通常都缺乏足够的经验数据支持。连锁法在实践中的无法兑现就意味着联合分布的假设与现实不符。

既然实践表明哈维尔莫的随机变量联合分布理念与现实不符，那么概率测度在应用计量模型研究中到底起到了什么基本作用呢？第 3.2 节通过集中考察条件模型形成过程的特点，对这一问题追根寻源。不难发现，作为条件模型中核心部分的因果关系，其理论构造过程通常无须引入任何概率测度概念。继该过程之后，出于经验数据分析的需要，通常在因果关系上附加一个随机误差项或随机扰动项。这时引入概率分布，只是为了描述误差项的假设统计特征。大量的实证研究结果表明，这一附加的随机误差项的主要功能是显示先验构述的理论模型与后验数据之间普遍存在的差距。而实证经济学的发展其实是一个为缩小差距、不断使理论模型适应和迁就数据特征的过程。调整模型构述本身并不需要概率测度概念。按机器学习的术语，如此形成的实证模型属于**判别式**（discriminative）模型，而不属于**生成式**（generative）模型。在第 3.3 节里，我们借助人工智能对于知识表示的分析视角，将经济学理论推导过程定位在逻辑推理过程上。因此可得出以下结论：经济计量学的应用条件模型研究符合机器学习中的无分布学习范式。由于经逻辑推理得来的因果关系与现实之间有着不可忽略的不确定间隙，为了构建能够有效地综合先验知识与数据实例信息的最佳模型，归纳性学习路径实为我们唯一可选和必选的有效途径。

本章的分析表明，对于开放式场景中的建模学习任务而言，概率的基本作用在于其判别功能,即为模型选择决策做量化判断。只有把概率测度集中用于模型学习中的诊断性用途上,摆脱哈维尔莫的上述关键性假设,我们才有希望系统改善目前应用计量模型研究中普遍存在的数据信息提取效率低下的问题。

3.1 可测经济变量作为目标变量时的随机模型特征

在经济计量学的应用研究中,将所关注的可测经济变量表述为由随机变量组成的联合分布系统的理念究竟起了什么作用?这一理念是否大致符合实情?这便是本节的议题。第 1 章业已阐明,经济变量的不确定特征所涉范围广泛,采用概率的概念来笼统表述是过于简单化的做法。这里,我们将考察范围限定在经济变量作为模型研究的目标变量的情形(即建模是针对有监督学习问题的情形),并且从上述理念对于应用计量模型形式选择的策略与方向之影响的视角,来评判用联合分布刻画可测经济变量的基础理念到底有什么实用可行的成效。

概率论的一条基本法则是连锁法,即任何随机变量的联合分布都可被因子分解为条件分布和边缘分布。如:

$$P(x,y) = P(y|x)P(x) = P(x|y)P(y) \quad (3.1.1)$$

就模型研究中的目标变量而言,上述连锁法意味着,我们既可以从联合分布角度对所涉变量联立建模,也可以分别按照条件分布和边缘分布的理念建模。由于第二条路径基于分解原理,它通常被视为一条更具科学深度的路径。应用计量模型研究的发展轨迹也大致可由这两条路径来归纳。标志学科最初兴起的宏观计量联立模型研究,正是第一条路径的直接产物。这里最能集中体现联立模型研究的学科基石作用的,非"内生有偏性"概念莫属。这一概念源于哈维尔莫在静态联立模型基础上对普通最小二乘法有偏性的推证。虽然静态联立模型早已在宏观应用研究中销声匿迹,内生有偏性仍属学科之大忌,特别是在应用模型基本归于条件模型类的微观计量模型研究场景中。微观计量模型研究者对内生有偏性的这种关注和忌讳,反映了哈维尔莫的关键性假设对学界的渗透影响力。其实,自1973年的石油危机以来,宏观计量模型研究便转向基于分解原理的第二条路径了。其最为明显的标志便是突出强调模型所涉单个变量之数据生成过程(data generation processes)。如今,单个变量的随机时序特征被广泛认为是建模初始所需考察的基本特征,特别是模型动态设定的基本特征。

与宏观经济计量学中对单变量数据生成过程的可观的理论发展成果相比,应用模型的研究成果明显相形见绌。不难发现,凡是基于联合分布或边缘分布的应用模型结果都不理想,缺乏泛化性,而相对来讲经得起推敲的成果大都来自条件模型。也就是说,应用建模研究似乎一直陷于僵局,即停留在概率分布刻画"不完全"的条件模型之上。为了仔细寻求僵局的症结所在,让我们来依次考察基于上述三种分布理念的时序变量模型。

根据连锁法的分解原理,基于边缘分布的时序模型应该属于最基础的一类模型,我们就先来考察一下这类模型。在宏观计量研究中,通用的做法是依可观测到的单个时序对于时间的依赖性来进行变量分类。具体地,依变量的一阶矩、二阶矩与样本量间的关系特征将它们区分为(弱)平稳过程与非平稳过程。应用建模中通常采用自回归(autoregressive,AR)模型来刻画这一特征。以最简单的一阶自回归模型为例:

$$y_t = \rho y_{t-1} + u_t \qquad (3.1.2)$$

当$|\rho|<1$时,我们便把y_t归为平稳过程;而当$\rho=1$时,我们则

称之为非平稳或单位根过程。文献中有关宏观变量的单位根结果比比皆是,一个重要原因是,单位根现象被视为获得协整关系的基础前提,而协整关系从概念上又非常接近于多数经济学家钟爱的均衡理论。遗憾的是,经济变量的单位根结果一般都经不起严格推敲。首先,单变量时序模型的参数估值一般缺乏样本外的不变性,泛化功能弱。即使选择更复杂的边缘分布函数、采用参数非线性模型,也难以改变上述缺陷。也就是说,描述单个变量分布的基础矩参数通常不具有时不变性。其次,在经典统计学的随机抽样试验场景下,通常将威胁样本参数估值不变性的异常观测值视为意外野点,把它们从样本中剔除。但在开放式的经济现实面前,这些违反常态的观测值往往含有特殊信息,不容忽略。从大多数应用研究课题来看,单变量自回归模型的实用功能在于概括变量的动态表征,模型所反映的是变量经济动态活动的结果,而不是变量内在的生成机制。把模型测度的表征视为变量的动态本征机制,显然是逻辑混淆的推理。从经济学家的视角看,解释很简单:变量间的相互影响作用是经济活动的最基础本征。单变量模型忽略这一本征,必受遗漏变量之扰,因此基于边缘分布的单变量模型显然不足为信。

下面我们来看看实践中相对成功的条件模型这一类。让我们以颇受欢迎的自回归延迟分布(autoregressive distributed lag,ARDL)模型为例。现设如下的 ARDL(1,1)模型已被证实是与数据吻合的模型:

$$y_t = \alpha y_{t-1} + \beta_0 x_t + \beta_1 x_{t-1} + \varepsilon_t \qquad (3.1.3)$$

必须强调,设式(3.1.3)是与数据吻合的模型不仅隐含着所有参数具有常数性,而且隐含着$|\alpha|\ll 1$。显然,既然有式(3.1.3)与数据吻合,就不可能同时也有式(3.1.2)与数据吻合。对照式(3.1.3),式(3.1.2)因不含x_t和x_{t-1}导致模型欠拟合,而且参数ρ

必受遗漏变量有偏性之扰。这时，如果由式（3.1.2）估计得出 $\hat{\rho} \approx 1$，那么 ρ 的遗漏变量有偏性则属于上偏。这意味着，认为 y_t 的基础数据生成过程为单位根过程的认知是有逻辑漏洞的。根据连锁法的分解原理，相对于式（3.1.3）而言，需要考察的单变量模型应以 x_t 为目标变量。但是，就以 y_t 为目标变量的建模学习任务而言，是没有必要去学习 x_t 的随机分布机制的。而且，前面对自回归模型的分析业已表明，单变量时序模型并不等同于刻画经济变量生成机制的模型。也就是说，现实中寻求建立 x_t 的边缘分布模型的经济计量学研究既没有必要也不可行。因此，以式（3.1.1）的连锁法分解原理作为建模研究的方略与分析现实经济的任务大相径庭。

最后我们来反思一下基于联合分布原理的应用建模研究结果。经济计量学初始注重联立方程模型的研究，是对以描述经济变量间相互作用为重心的经济学假说的响应。当今，上述传统则反映在许多宏观应用经济学家规避单一方程模型、偏爱向量自回归（VAR）模型的倾向。不过，实际可操作的多方程模型其实也属于条件模型一类[1]，VAR 模型其实就是基于滞后变量的条件模型。现将上述 ARDL（1，1）模型扩展为一个简单的闭式 VAR 模型：

$$\begin{pmatrix} y_t \\ x_t \end{pmatrix} = \begin{pmatrix} \alpha_{11} & \alpha_{12} \\ \alpha_{21} & \alpha_{22} \end{pmatrix} \begin{pmatrix} y_{t-1} \\ x_{t-1} \end{pmatrix} + \begin{pmatrix} \varepsilon_{1t} \\ \varepsilon_{2t} \end{pmatrix}, \text{ 假设：} \begin{pmatrix} \varepsilon_{1t} \\ \varepsilon_{2t} \end{pmatrix} \sim IIN\left[\begin{pmatrix} 0 \\ 0 \end{pmatrix}, \begin{pmatrix} \sigma_1^2 & \sigma_{12} \\ \sigma_{21} & \sigma_2^2 \end{pmatrix}\right]$$

(3.1.4)

选用模型（3.1.4）而不用（3.1.3）的通用理由是，模型（3.1.4）与变量联合分布的理念相呼应，即不对式（3.1.1）的因子分解方向［是 $P(y|x)$ 还是 $P(x|y)$］做出选择。然而，这种维持联立性的信念过于虚幻肤浅。首先，应用 VAR 模型的变量集选择都是具有明显因果方向偏倚性的。以包含国内生产总值、通货膨胀

率、失业率和利率四个目标变量的 VAR 模型为例,这四个变量的选择显然是以描述实体经济特别是国内生产总值为重心的,变量集的选择对解释利率变量的考虑要明显少于对解释国内生产总值变量的考虑。因此,VAR 模型中各单方程的数据解释力或拟合度通常具有明显差异。其次,在使用 VAR 模型做脉冲响应分析时,我们必须对模型中的变量做出明确的冲击先后排序,这种排序就相当于动态因果设定,必然打破初始模型设定的联立对称性。另外还需指出的是,不少经济学家都把 VAR 视为"简约式"模型,而不是"结构式"模型。[2] 为了将结构模型特征引入模型 (3.1.4),通常的做法是把变量间的联立性作为一条结构参数约束条件,如:

$$\begin{pmatrix} 1 & \beta_{12} \\ 0 & 1 \end{pmatrix} \begin{pmatrix} y_t \\ x_t \end{pmatrix} = \begin{pmatrix} \alpha_{11} & \alpha_{12} \\ \alpha_{21} & \alpha_{22} \end{pmatrix} \begin{pmatrix} y_{t-1} \\ x_{t-1} \end{pmatrix} + \begin{pmatrix} \varepsilon_{1t} \\ \varepsilon_{2t} \end{pmatrix}, \begin{pmatrix} \varepsilon_{1t} \\ \varepsilon_{2t} \end{pmatrix} \sim IIN\left[\begin{pmatrix} 0 \\ 0 \end{pmatrix}, \begin{pmatrix} \sigma_1^2 & 0 \\ 0 & \sigma_2^2 \end{pmatrix} \right]$$

(3.1.5)

这样一来,原模型表面的静态因果对称性也就消失了。另外,实践中 VAR 模型缺失对称性还可从两个方面观测到。其一是模型估计后一般都有某个方程内的某些参数统计不显著(即为零)的结果,导致使用中的 VAR 模型不具对称性。其二是出于提高模型拟合度的需要,建模者时常放弃闭式 VAR 模型而采用开式 VAR 模型,即尝试在模型中加入其他控制变量。这种做法其实是对变量联合分布基础理念的摒弃。

简言之,对变量间关系做某种因果不对称的假说是任何统计上可操作模型的必要前提。[3] 反思大量经济计量模型研究的经验教训,无论是单方程模型还是多方程模型,凡是经得起推敲的应用成果都来自条件模型一类。是什么原因造成经济变量联合概率分布的理念与应用经济建模研究的实践如此相悖呢?现在回顾哈维尔莫书中将概率在模型中正式引入之处，即书中的式（11.2）。该模型也属于条件模型类，相当于在我们上章中的式（2.1.1）内附加一个随机分布误差项 s，哈维尔莫认为 s 是"具有某种概率分布的随机变量"（原著第 51 页）[4]：

$$y = h_p(x_1, x_2, \cdots, x_k; \kappa) + s \qquad (3.1.6)$$

遍览应用计量模型研究文献就不难发现，关系式（3.1.6）占据中心位置。随机变量 s 的核心功能是使参数 κ 的区间估计和统计推断合理化。将所有变量定义为随机变量只不过是一种习惯形式。值得注意的是，哈维尔莫在引入 s 之后，也没有继续讨论由误差项的概率设定可能引致的有关 y 和 $x_1, x_2, \cdots, x_k$ 的随机变量设定问题。他继而关注的问题是：如何将 y 足够合理地分解为可系统描述的部分 h_p 和随机残差部分 s？他在第 3 章中用了一整节的篇幅详细探讨这一问题（见原著第 12 节）。他的做法充分反映了该问题在计量模型研究中的核心位置。

我们在上章业已阐明，哈维尔莫的分解问题实为 PAC 可学性问题，超出了经典统计学研究的范围。从 PAC 可学性的理论视角，我们应能将基于式（3.1.6）的应用建模任务纳入机器学习中的无分布模型学习方法轨道。这一可能性将使经济计量学从前述的困扰中解脱出来。不过，在接受这一可能性之前，我们需要弄清下述问题：概率论推理在经济计量学建模中究竟起到多么关键的作用？或者说，概率论推理在经济计量学建模中的关键作用具体何在？

3.2 概率论在经济学和经济计量学建模中的作用

让我们先从经济学建模的环节入手，考察经济学家一般是如何处理建模任务中的不确定性从而得出式（3.1.6）中的 h_p 来的。建模初始,经济学家通常是把理论视角集中在所谓"有代表性主体的合理预期行为"之上,该视角可以滤掉不少现实中的不确定性。继而,经济学家对于因果关系假说的演绎都是以某种功效最优法则为基础,如利润或效用的最大化、成本或风险的最小化等。这些法则被公认为驱使有代表性主体做出经济行为决策的最基本动机。由于这些法则都不是随机法则,推导 h_p 的数学工具基本归于微积分及有约束优化解的范畴。另外,**"设其他因素均保持不变"**也是一条理论模型通用的前提假定条件,以覆盖理论模型的偏倚角度,维护理论仅关注极小的输入变量集的合理性。在 h_p 的推导完成之后,为了得到数据的验证支持,随机不确定性因素才被纳入关注日程。通常的做法是在 h_p 上附加一个随机误差项 s,从而实现模型与统计学所涉模型之对等形式。哈维尔莫把 h_p 中的变量描述为随机变量,其实完全是为了给这种对等形式正名。在附加了随机误差项之后,不确定因素在式(3.1.6)中便有了两个出口:参数 κ 的估计值和 s。可见,不确定因素是为完成参数估计任务而设立的。在经济学理论模型的先验推导过程中,概率论推理基本没有起什么作用。

不过,对理论模型 h_p 直接做后验估计的结果通常不尽如人意,这主要体现在误差项 s 的概率统计分布特征不满足理想的经典假设条件上,意味着式(3.1.6)与现实数据信息间存在不可忽略的差距。从经济学的视角看,如何缩小理论模型的构述与现实间的差距,是学科发展的主动力。缩小差距的关注点一般落在如何放宽"有代表性主体的合理预期行为"这一理想假定条件上。具体地,经济学家力图识别出某种特定场景,在这种场景下,功效最优法则的表现更为显著清晰,因此更容易得到后验数据验证。[5]从数学模型的先验推导看,对这种特定场景的表述相当于给基于效用优化法则的因果关系附加更多的约束条件。于是,模型的复杂度相应增加。这些附加约束大都落在两方面：动态约束和需求双方的相互制约。后者一般由对不同方程式中参数的约束条件表示出来。至于动态约束，虽然大多数结构复杂的动态模型都采纳了随机变量的概念，对模型内理论关注的动态结构关系的推导，仍限于确定性数学范畴。以协整分析为例，其理论关注是长期静态均衡关系的解的特征。在对应因果关系的条件模型场景下，相应的数学推导完全可由确定性系统论来承担。只要对目标变量的轨迹做出不同类别的假设，就能得出相应的微分或差分方程的动态阶数特征。[6]可见，这时动态模型结构的先验设定并不需要用概率论推理。

在通用的模型类别中，随机因素明确影响模型先验动态设定的当属动态随机一般均衡（DSGE）模型。DSGE模型属于多层结构模型，也是公认的宏观应用模型中理论含量最为丰富的一类模型。[7]虽然微观理论基础是DSGE模型的特征标志，刻画微观行为也是使模型结构层次具有伸展功能的设计初衷，但模型最终关注的还是一组宏观目标变量。就模型内单个方程的函数形式而言，通用的方式是采用效用优化法则的欧拉方程近似解得出的线性方程或对数线性方程。方程目标变量的随机性则来自一个附加的外生随机扰动变量。这类变量是根据所在方程式的性质赋名的，如图3.1所示的"需求扰动""政策扰动"。如此的赋名做法就给这些变量增添了与被解释经济变量同等的**结构**性质。同时，由于这类扰动变量是潜变量，建模者得以通过模拟试验扰动变量不同的动态结构设定，来尽量缩小所设理论因果函数式与可测目标变量之间的差距。对扰动变量通用的动态设定是AR自回归过程。以图3.1中供给方程的"加成扰动"变量为例，可设该变量服从AR（1）模型：

$$s_{\pi t} = \rho s_{\pi t-1} + \varepsilon_{\pi t}, 0 < \rho < 1 \tag{3.2.1}$$

式中的$\varepsilon_{\pi t}$是由计算机模拟生成的白噪声误差项。值得强调的是，由于外生随机扰动潜变量的引入,目标变量的随机标签便有了明确的内涵,这进一步维系了方程与统计学模型的同类匹配观念,加强了建模者对先验设定的模型可维持不变的信念。

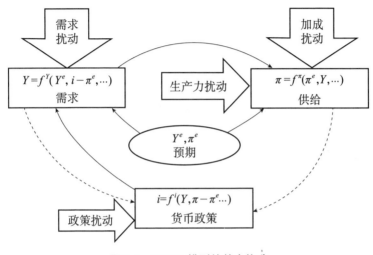

图 3.1　DSGE 模型的基本构造

资料来源:参考 Sbordone et al.(2010)。

从多方程模型类这一角度看,DSGE 模型可以被归为有约束的 VAR 模型类,其应用路径分析手法也和 VAR 模型一样,即通过脉冲分析试验来做政策实证分析。不过,DSGE 模型所含的参数约束一般比 VAR 模型复杂得多,而且模型规模也会大得多。因此,传统的统计估计方法一般难以完成模型参数的估计任务,需要通过校准法(calibration)来获取。模型校准的一项基本标准是对宏观目标变量之矩参数的预测准确度。这一标准被简称为对宏观矩的识别(identification of macro moments)。[8]宏观目标变量的一阶矩和二阶矩是最主要的两个参数,其估值一般来源于对所关注变量的自相关回归模型。例如,采用第 3.1 节中的式(3.1.2)来描述图 3.1 中的变

量 Y。

不过，概率论推理在 DSGE 模型建模中的运用方式是经不住推敲的，至少存有两方面的明显认知失误：一是宏观变量矩参数的估值泛化性弱，二是单方程内过度约束的动态设定。两者都源于以边缘分布理念为基础的模型。前一个认知失误我们在上节中已经做了充分说明。显然，当矩参数估值受单变量模型遗漏变量之扰而泛化有偏时，依据这种估值校准出来的模型就不可能是 SRM 意义上的最优模型。第二个失误是建模者设扰动变量为 AR 过程的时候，无视了这一假定隐含对模型动态结构强约束的影响。设扰动变量为 AR 过程的假定可追溯到 Cochrane-Orcutt 估计法，该估计法其实是通过认可静态模型残差项的 AR 形态对模型进行隐性动态扩展的做法（见第 5.1 节中的例子）。正是由于这种隐性动态扩展，模型才能有估计效果的改善。因此，Cochrane-Orcutt 估计法是从表象上应对模型动态设定不足的权宜之计。但是，这种被隐性动态扩展的模型附带有严格的参数共享动态特征约束，该约束已被大量数据案例所拒绝。[9]在 DSGE 模型中，构建因果动态方程通用的法则是适应性预期假设。由该假设推导出的模型类在经济计量学中通称为偏调模型。由于该类模型忽略了自变量滞后项的动态效应，在现实数据面前，通常被证实为动态设定不足的模型。这时若引入计算机按 AR 自回归过程生成的扰动变量，不但会掩盖模型先验动态设定不足的问题，而且给模型的长期均衡解强加了欠数据支持的共因子约束。认识到这两方面的建模失误，DSGE 模型预测精度的规模效益一直难与 VAR 模型相抗衡的现象[10]也就不足为怪了。

总之，就 DSGE 模型内的单方程构述过程而言，所有的微观理论关系都属于条件型关系，有关附加扰动潜变量的做法，并不能改变概率论推理在理论条件关系推理中无足轻重的作用。另外，可测变量的边缘模型只起到对宏观变量的描述作用,并未被视为变量的微观生成机制。因此,DSGE 模型的基本建模思路仍然忠实维持在模型 (3.1.6) 的认知路径上。哈维尔莫对于所有经济变量服从某种联合随机生成机制的理念仍然不过是个粗略的比喻罢了。

那么,如果经济学家可以实现和享有统计学所要求的随机抽样试验场景的话,哈维尔莫的理念是否就能得到符合实情的佐证呢?这一问题将我们引向微观经济计量学中的项目评价模型(program evaluation model,PEM)。[11] PEM 的任务是,通过估计政策项目的平均处理效应(average treatment effect),对项目实施的有效性做出量化评价。PEM 的运作有一个关键前提条件:数据样本必须来自随机对照试验(randomised control trials)。严格控制的随机抽样是经典统计假说推断的前提条件,以确保样本数据分布属性的数学易导性。然而,对于用作政策项目评价的随机对照试验数据样本来说,无论样本的随机采集设计和控制多么到位,建模中的不确定性依然是一个不可忽略的因素。

现令 T 代表政策项目变量,我们可用下式来概述 PEM:

$$y = \alpha T + f_z(z_1, z_2, \cdots, z_m; \beta) + \varepsilon \qquad (3.2.2)$$

式中的 α 为平均处理效应,$\{z_j\}$ 为其他有关控制变量,这些变量存在与 T 统计相关的可能性。随机对照试验的抽样要求是为了通过控制数据样本的选择来实现条件概率分布 $P(y\mid T)$ 的数学易导性。然而,随机抽样并不能完全控制 $\{z_j\}$ 内变量的属性。$f_z(\cdot)$ 仍然具有先验不确定性,其最优近似形式必须经后验数据归纳学习而来。现有大量的 PEM 应用结果已足以佐证这一点。从机器学习的视角看,式 (3.2.2) 只能属于一个假说模型类。而且,$f_z(\cdot)$ 的学习任务不需要涉及任何有关概率分布 $P_j(z)$ 的先验知识,可以通过机器学习中的无分布建模路径来完成。正是由于该学习任务对参数 α 的估计存有不可忽略的影响的可能性,针对 αT 一项就先验地把式 (3.2.2) 等同于经典统计随机模型的认知过于天真。这也意味着,随机对照试验这一前提也不能确保哈维尔莫的基本理念成真。

上述分析再次表明了先验理论模型构述 h_p 中普遍存在的不确定性。而理论模型附加的残差项则是判别这种不确定性是否可被忽略不计的主要客体。实证经济学理论的发展过程,其实是个不断使 h_p 的构述迁就和适应不容忽略的数据特征的过程。机器学习不过是把这一过程与后验数据分析过程融为一体了。在机器学习教科书中,从式如 (2.1.1) 的假说类出发,通过数据学习来做出式 (2.1.2) 中的 y 分割出 ε 的这一途径,被归述为"判别式"的建模路径[12],以区别于"生成式"的建模路径。不难看到,生成式路径是经典统计学范式的典型特征。在该路径下,先验设定的概率模型是统计推断的出发点,被视为已知确定的维持假设。这一视角为假设残差项服从经典统计学的理想噪声概率分布假设提供了正当理由,如通用的零均值正态分布。而当构述理论假说的模型是先验不确定的时候,实证分析的首要任务显然是搜索和推断最可维持的经验模型。一旦搜索成功,即若建模者按第 2 章中图 2.2 的路径实现了 $h_D \approx f$ 的 PAC 学习,相应得出的 ε 就应该与一个遵循正态分布的白噪声随机变量十分近似。于是,虽然 h_D 是由无分布路径得出的[13],但是它的背景式 (2.1.2) 与表述条件分布预期的随机模型形式相同。也就是说,统计学习得出的模型往往具有和条件分布预期的随机模型非同质但同形的特点。

3.3 逻辑推理与 PAC 学习合成过程中概率测度的判别式用途

既然经济学理论推理中对应不确定性的主要手段不是概率论,

概率推理的理论作用实属无足轻重，那么经济计量学该如何处理建模中的不确定性问题呢？人工智能领域的研究其实已经给出了系统答案。如何将不确定性由计算机可识别和操作的语言表示，是人工智能学科中备受重视的研究课题。这类研究积累了大量对各种信息的特征提取和分类编码以及对各种学习任务的特征表述和分类的实证成果。[14]通过缜密仔细地反省人脑在现实中做出决策行为的过程，人工智能的研究发现，在理论贫乏的日常生活场景下，人脑执行认知任务和行为决策的过程大都是模态命题逻辑（modal propositional logic）思维的过程，该过程一般不属于概率推理模型表述的范畴。由于人的逻辑推理认知在开放世界场景下具有不完全性的特征，我们才容易将这种逻辑推理和概率推理混淆起来，因此导致混淆模型表述功能的认知错误。从采用条件模型来表述模态命题逻辑推理的角度看，模型的目标变量实为**认知不确定**的变量，而不是统计学意义上的随机变量。为此，Dubois and Prade（2009，第6节）将这种模型所担负的学习任务称为"纯真"条件决策任务，以别于基于概率推理条件的决策任务，如贝叶斯逆概条件推理法。

从人工智能的分析角度看，经济学对应现实中不确定性的主要手段是效用论或经济合理性的信条。[15]经济学所关注的决策问题和学习任务一般都属于模态命题逻辑思维范畴。因此，经济理论关系式的数学优化推导过程以微积分为主，如式（3.1.6）中先验构造 h_p 的过程就不需要使用概率分布数学。换言之，h_p 的主体论承诺决定了该条件式不属于随机概率生成式一类，式（3.1.6）的学习任务也不是简单的统计推断任务。值得一提的是，上述分析其实印证和肯定了我们在第1章开篇就提到的经济学思想史及方法论学界对概率论理念之局限性的不信任态度。

前面两章业已表明，在理论贫乏的开放世界场景中，先验构造

的 h_p 与经典统计学中的目标模型之间的差距甚远,寻找与数据吻合的最优模型是一个学习任务。为了有效地完成这一任务,经济学和经济计量学都需要改变基于哈维尔莫对两个分支的分工而形成的研究策略。对于经济学的研究策略而言,人工智能领域的成功经验,激励经济学家对先验构建参数具有经济解释意义的数学优化模型的策略做认真反思,特别是反思如下问题:学界该如何正视和处理通用的微分方程优化法推导得来的先验模型与经济学家所需表述的常识性经济推理命题之间的偏误?[16]无须赘述,经济学教科书传授的建模模式业已过时,学界应该详细学习借鉴人工智能对于知识表示的研究途径,如基于知识的归纳学习手段、归纳逻辑编程系统等。[17]虽然知识表示的各途径间存有差异,但它们的研究策略目标是一致的,即如何最有效地将人脑中的常识性知识正规表述为可为机器学习服务的人工知识,并且为实现从人机知识转换上升到扩展知识总和的目标服务。这一目标也被描述为"从机器学习转向机器推理"(Bottou,2014)。

简言之,人工智能的知识表示是一个逻辑语言构建过程。逻辑可量化关系法则的表达力强,因此解释力就强,而且在计算系统中的毗连功能和转换功能都很强。但是,面对理论贫乏的日常生活场景下的决策任务,这类法则难免反映出明显的**脆弱性**特征。用Valiant(2000)的话来说,"由于数学逻辑有着清晰的语义学和严谨的推证过程,因此是一种颇具迷惑力的描述语言。但是,以数学逻辑作为大型编程系统的基础语言,必然导致系统的脆弱性。这是因为在实践中,通常不可能保证实现计算系统中的各种谓语赋名之间的一致性应用"(第231页)。为了克服脆弱性,就必须针对含有噪声的数据案例进行归纳学习。另外,由于常理性逻辑法则一般都具有普遍性真理的内涵,缺乏对于具体现实场景的针对性,它们的应用也必须经基于数据信息的归纳式基础训练来完善。Valiant（2000，2008）把这种后验归纳过程称为"打底"和"强健化"过程。总之，只有通过归纳式模型学习，才能选择出逻辑语义学指令层次结构分明并且最适合具体场景的可信实用模型。细思忖量，这种先验逻辑推理与后验归纳学习的"知识融汇"理念，其实是对前面第2.3节中所介绍的SRM准则要旨的强调和补充。[18]

还需看到，正是在后验归纳学习的过程中，概率测度才起到不可忽略的基础作用。这时，概率测度被用作一种判别手段，实现对归纳学习中失误风险的控制。这种作用在第2章介绍的PAC可学性理论中就表现在置信参数δ和精确度参数ϵ这两个概率参数上。它们协助建模者尽量规避先验逻辑法假定但未能被证实的泛化程度，同时尽量减小后验学习归纳过程中的失误程度。具体地，它们协助建模者通过试验找到偏误－复杂度间的最佳权衡决策点。为此，建模者需要对训练样本和测试样本的估计结果特别是残差项做详尽的诊断性分析。Seeger（2006）将上述学习过程简称为"诊断性范式"。这一范式应该是经济计量学的基础研究策略转移的主方向。从经济计量学科的研究现状看，浏览文献中发表的应用建模结果，可以发现对于数据信息低效和误导的分析比比皆是。因此，学科的主策略转向问题并不是一个纯方法论问题，而是系统提高应用研究水准的唯一出路。

下面我们就针对如何借鉴机器学习方法克服应用经济计量研究中的通病、改善研究水平的问题做进一步分析。让我们先从微观计量应用建模入手。微观计量应用研究中一个普遍存在的问题是模型欠拟合，且欠拟合程度往往随着数据量的增加而加剧。这一现象恰恰是前述有关基于逻辑推理的微观经济关系式之脆弱性特征的集中反映。其实，应用经济学家对建模中一些常见的"并发杂症"早有意识。例如,微观主体行为间的显著异质性、理论关系式中忽略的因素或自变量在数据上的不可分离性、方程式内输入变量间相互作用形式的不确定性、理论关注自变量可能存在的非线性效应及其不确定性等。由于这些"并发杂症"都属于模型的函数估计学习范畴,在以给定模型内的参数估计推断为重心的微观经济计量学教科书中,就难以找到对它们加以系统处理的方略和手段。因此,当应用者转向机器学习的教科书并试用机器学习中常用的函数估计工具来应对上述问题时,能轻而易举得出显著超越按主流经济计量学思路建模的结果也就不足为怪了。[19]从本质上看,模型系统的欠拟合意味着模型构述思路过于简单。鉴于此,机器学习倡导在选择模型函数时采用尽量灵活的近似函数形式。由于经济学的基本法则一般可表述为凸函数学习任务,一种首选的假设模型类是广义加性模型(generalised additive model, GAM)。[20]以下便是一个含两个解释变量的GAM的例子:

$$y = \alpha + f_1\left[\sum_{j=1}^{k} b_{1j}(x_1, x_2)\right] + f_2\left[\sum_{j=1}^{k} b_{2j}(x_1, x_2)\right] + \cdots$$
$$+ f_p\left[\sum_{j=1}^{k} b_{pj}(x_1, x_2)\right] + \varepsilon \tag{3.3.1}$$

其中的 $f_i\left[\sum_{j=1}^{k} b_{ij}(x_1, x_2)\right]$ 表示线性可分离的输入函数,它们的函数形式可以互不相同;每个输入函数都是由某种基表示(basis representations)因素 $b_{ij}(x_1, x_2)$ 组成的。这些基表示的形式多种多样,它们可以是解释变量本身,也可以是两个变量的比值或者它们的差或积,还可以是单个变量的多项式,或者是基于某变量的核函数。这些输入函数的设计也被通称为"特征设计"。毋庸赘述,特征设计对于理论假说的验证至关重要。为了实现与各个输入基表示相关的参数的可解释性,并确保它们的泛化性,特征设计必须参照先验知识细致地将所有相关的因果法则公式化表示出。在公式化过程中特别需要考虑的是，如何使基表示的设计尽量满足各个基表示之间具有数据变动之独立可分离性的要求。显然，对于 f_i 的分离设计，是为了应对微观主体行为质量差异显著所反映出的数据分层。f_i 的分离一般是通过各种随机树或决策树分类算法来实现的。在经济计量学教科书中，这类算法被归为半参数法。不过必须明确的是，这类算法的首要目的是函数估计，而不是经济计量教科书所强调的参数估计。还须看到，由后验学习得出的 f_i 的个数 p，是与基表示的设计密切相关的。就样本量大、模型函数学习情况复杂的课题而言，基表示的设计越简单，p 值就很可能会越大。可见，基表示的设计与树分类这两个任务是需要通过交替迭代过程来完成的。这一学习过程集中体现着先验专业知识与后验数据信息的密切互动。正因如此，特征设计也被归类为"特征学习"，并且在"特征表示学习"（feature representation learning）[及其简写"表示学习"（representation learning）或特征学习（feature learning）]题目下受到专门研究关注。[21]总之，GAM建模思路及其背后的PAC可学性理论，为系统改善传统的微观经济计量应用研究中普遍存在的模型欠拟合现象提供了一条有望可行的路径。

下面我们再来看一下宏观应用计量建模研究方面的问题。这里仅以测度长期均衡关系的研究问题为例。从某种角度说，该研究问题在宏观计量模型研究中占据核心位置。通用的建模路径有两条。一条是协整分析路径，另一条则是伦敦政治经济学院（LSE）派所推出的由一般到具体的动态建模路径。前一条路径遵循以估计法为重心的经济计量学理念，属于经济计量学研究的主流路径。后一条路径则与机器学习方法有不少共性。从目前已发表文献中的大量应用案例看，沿后一条路径得出的模型结果通常要比沿前一条路径得出的结果更具泛化性和精确性。协整分析的数学推证虽然精致严谨，但应用模型的结果往往不是欠拟合就是过拟合。从机器学习的视角，我们就不难看清这两条路径实践差距背后的原因。由于协整分析起源于误差修正模型[22]，我们就从误差修正模型入手。

现设 ARDL 式（3.1.3）是经数据验证的动态设定适当的模型。由于该式中的输入变量之间通常具有显著的共线性，相应参数的解释力很差。通常的做法是通过参数转换将 ARDL 模型转换为误差修正模型，如下式：

$$\Delta y_t = \beta_0 \Delta x_t + (\alpha - 1)\left[y - \frac{\beta_0 + \beta_1}{1 - \alpha} x\right]_{t-1} + \varepsilon_t$$

$$= \beta_0 \Delta x_t + \gamma [y - \kappa x]_{t-1} + \varepsilon_t,$$

$$\kappa = \frac{\beta_0 + \beta_1}{1 - \alpha},$$

$$\gamma = (\alpha - 1) < 0 \tag{3.3.2}$$

式中的 β_0 可被解释为测度 x_t 的短期冲击效应，κ 可被解释为测度该变量的长期均衡效应，亦即理论假说 $y = \kappa x$ 之效应，γ 则可被解释为测度该理论关系偏移 $[y - \kappa x]_{t-1}$ 的负反馈动态效应。与式（3.1.3）比较，式（3.3.2）显著更强的参数解释力其实来源于误差修正模型的变形标准，也就是尽量使输入因子亦即基表示的设计满足数据变动之独立可分离性的要求。就模型对于长期均衡关系的测度而言，有必要强调两个关键点：第一，参数 κ 是 ARDL 式（3.1.3）中所有参数的函数。这意味着，一般来说，它取决于经特定场合下数据学习得出的动态模型的特定阶数 ARDL（p_1, p_2）。若按未经学习而先验假定的阶数来估计 κ 必然会使估值精度受到损失。第二，当长期均衡关系中解释变量个数较多时，由于难以避免解释变量间的共线性，不可能单靠统计估计法来精确得出各变量的长期均衡效应。解决这一难题的可行路径是参数校准试验法。在试验过程中，所需考虑的不仅有负反馈参数 γ，还包括所有相关的短期效应参数及其表述的经济特征。

相比之下，协整分析的关注面要窄得多，它只考虑如何在先验给定动态模型结构条件下得出 κ 的统计最优估计量。为此，协整分析需要对长期关系所涉变量的动态特征做出明确的先验假设，即设它们拥有单位根、属于非平稳时序过程。这一设定也是以边缘分布理念作为基础模型的出发点的。协整估计的主要途径有二。一是 Engle-Granger 两步法（Engle and Granger，1987）。该方法因应用简便而广受青睐。以下式为例：

$$y_t = k x_t + e_t \quad \Rightarrow e_{t-1} = (y - kx)_{t-1} \quad (3.3.3)$$

Engle-Granger 两步法就是证明了用普通最小二乘法（OLS）估计上式得出的是参数 k 的一致估计量。协整估计的另一条途径是基于 VAR 模型的 Johansen（1988）步骤。该步骤显然是以联合分布模型理念为立足点的。必须看到，这两种估计法都要求协整关系所涉的单个非平稳变量是滞后阶数齐次的变量。对于现实样本数据而言，这一要求显然过强。我们在第 3.1 节已阐明，基于边缘分布理念和联合分布理念的应用模型一般欠缺数据相合力。另外，静态模型由于忽略时序中的动态信息而严重欠拟合。在有限时序样本面前，一定规模的 VAR 模型又往往过拟合。因此，以这两种模型为前提的 κ 的估计很难是满足与数据相合标准的最优估计。而由伦敦政治经济学院派的动态建模路径得出的式（3.3.2），不仅构建在条件模型基础上，而且其由一般到具体的动态建模约化思路也利于与数据相合模型的学习。具体地，先验初始模型类 ARDL（$p_1, p_2, \cdots, p_n$）及其后验转型的误差修正模型都不含对任何单个变量的单位根假定，也不含对它们滞后结构的齐次性假定。另外，由于经建模约化路径后验选择出来的与数据吻合且最为简洁的误差修正模型既避免了欠拟合又避免了过拟合,因此从这种模型导出的长期参数 κ 的估值,显然要比由协整分析得来的估值更为精确。

在经济计量学界,伦敦政治经济学院派以其推崇模型选择步骤和注重各种诊断性检验方法见长。虽然该学派也倡导对数据生成过程的关注,但是在这种关注的背后,其动态建模思路和体系都与机器学习的判别式建模路径极其相似。鉴于沿用该学派方法的应用模型研究所取得的成效,也鉴于经济模型应用研究中至今罕见纯属生成式的概率模型,我们实无理由再继续维系所有经济变量的基础生成机制是联合随机分布机制这一幼稚的臆见了。机器学习的成功经验启迪我们,实践可行的经济建模研究应该系统转向以无分布的判别式方法论为重心的研究。相应地,概率应被主要用于协助模型选择的分辨工具,而不是被用作经济计量学直接套用经典统计学框架、对先验推理模型进行简单估计推断的说辩修辞理论凭据。至于经典统计学技术框架对于经济计量建模任务的不适性与局限性,则是下两章的主要议题。

注释

[1] 传统静态联立模型所需的模型识别条件,就反映着联立模型必须满足条件模型设定的基本可操作前提要求;静态联立模型与条件模型之争有着悠久的历史,可参见 Qin(1993,第 4 和 6 章)。

[2] 在经济计量学中,"结构式"这一形容词被广泛用作"理论"的替代词,可参见 Marschak(1953)。这时,"结构"一词的内涵通常要比"理论"的内涵强,意味着其所形容的对象具有不变的普遍规律性,因而其正确性也是无可置疑的。这种性质含义并不是用理论模型或理论参数这类

表述所易被人们领会的。

[3] 详述可参见 Cox（1992）。

[4] 为了保持本书中数学公式的连贯性，这里对哈维尔莫书中的式（11.2）所用的符号有所改动，但是改动不影响原式本意。

[5] Gilboa *et al.*（2014）将这类研究归类为以案例为基础的推理分析，以区别于以效用法则为基础的推理分析。可惜他们的分类法并不准确，没有考虑到案例背后的分析仍然是依据效用法则推理的事实。

[6] 有关具体案例的讲解可参见 Nichell（1985）。第 3.3 节中有关协整分析和误差修正模型法的比较讨论则是一个实例。

[7] 有关 DSGE 模型的介绍和综述可参见 Canova（2009）、Sbordone *et al.*（2010）、Fernández-Villaverde *et al.*（2016）以及 Christiano *et al.*（2018）。

[8] 详细讨论可参见 Nakamura and Steinsson（2018）。

[9] 从建模视角对 Cochrane-Orcutt 估计方法问题的讲述，可参见韩德瑞和秦朵（1998，第 7 章）；相关的历史信息可参见 Qin（2003a，第 4 和 7 章）。这里有必要指出，参数共享动态特征的约束（亦简称为"共因子约束"）不仅将有关长期、短期参数约束为等值，还将模型的动态结构约束为先验给定的结构。

[10] 具体案例可见 Gürkaynak *et al.*（2013）及 Poudyal and Spanos（2022）。

[11] 有关讲解可参见 Camero and Trivedi（2005，第 25—26 章）；有关随机对照抽样试验假定对于政策评价的局限性问题，可参见 Deaton and Cartwright（2018）。

[12] 详述可参见 Jebara（2004）、Shalev-Shwartz and Ben-David（2014，第 24 章）。

[13] 值得一提的是，无分布建模其实与近半个世纪前 Wold（1975，1980）所极力倡导的"推测性软建模"的理念是基本一致的。

［14］详述可参见 Dubois and Prade（2009）、Costa et al.（2018）以及 Russell and Norvig（2016，第 III 部分）。

［15］详述可见 Doyle（1992）。

［16］这里值得引用的是著名经济学家 Sargent 在美国加州伯克利大学 2007 年毕业典礼上的一句话："经济学不过就是有组织的常识而已。"

［17］详述可参见 Russell and Norvig（2016，第 19 章）。在本章成文近两年后 ChatGPT 的惊人崛起，则是对此处论点的一个最好验证。

［18］详述可见 Valiant（2000；2008；2013，第 7 章）。

［19］详述可见 Bajari et al.（2015）。

［20］有关 GAM 的讲解，可参见 Hastie et al.（2009，第 5 和 9 章）。在经济计量学中，GAM 其实并不是前所未闻的模型类。例如，在 Cameron and Trivedi（2005，第 9 章）中就有对该模型的简述。遗憾的是，经济计量学教科书忽略了这类模型的统计学习方法的基础，把它简单归类于非参数估计方法的范畴了。

［21］详述可见 Shalev-Shwartz and Ben-David（2014，第 25 章）以及 Goodfellow et al.（2016）。

［22］有关协整分析如何从伦敦政治经济学院动态建模应用研究中的误差修正模型成果衍生而来的历史，可参见 Qin（2013a，第 4 章）；有关伦敦政治经济学院动态建模计量学派的介绍，还可参见 Gilbert（1986），详述则可见 Hendry（1995）或者韩德瑞和秦朵（1998）。

第4章
CHAPTER 4

假设检验的用处与经济假说的模型构述

在哈维尔莫的概率论方法中,假设检验概念被置于连接理论与数据的关键桥梁位置。后继的科普曼斯将哈维尔莫的理念凝括为"有理论的测度"模式(Koopmans,1947)。该模式强化了哈维尔莫为经济计量学研究的划界,巩固了学科为先验给定的理论模型做假设检验和参数估计的主体技术格局。

统计学的假设检验技术是为了分析随机试验数据场景而设计的。数据样本的设计和采集一般以测度某给定的单个参数为目标。研究者把对参数的预期测度设为原假设。通常,原假设描述反映**合理常态**的某个特征,其证伪应是偶发的小概率随机事件。这些小概率随机事件被统归入备择假设。这种原假设与备择假设的二分法模式,使得概率尺度得以成为验证前定假说真伪度的简便判别标准。而假设检验的用途则定位在以原假设为重心的**验证性**分析上。在"有理论的测度"模式中,待验证的经济理论被置于原假设的位置。不幸的是,实证经济学研究的场景及应用目的与统计假设检验框架之间有着不可逾越的鸿沟。上两章业已阐明,实证经济学研究的场景属于 Valient 所描述的理论贫乏场景,计量模型中的经济学假说基本属于常识性知识。由先验演绎推导形成的理论模型普遍缺乏数据相合性,具有不可忽略的不确定性。换句话说,需被验证的经济学命题往往没有可由作为假设检验对象的单一参数精准表示出的形式,其验证任务需通过对复杂的模型试验结果综合判断来完成。因此,对经济学命题的验证,一般是不可能直接用对理论模型中给定参数做统计假设验证的方法来实现的。这意味着,将假设检验框架机械地套用在对实证经济学命题的验证上会引发诸多问题。模型固有的可塑性和不确定性为构造以检验各种数据统计表象特征为对象的假设提供了丰富的拓展空间。这些表象特征仅是前定模型拟合数据样本的衍生物,并不能构成验证经济学命题的直接确凿佐证。同时,假设检验框架的局限视角也极易使研究者误入验证性偏误的陷阱。

第 4.1 节通过两个基础案例来展示验证性偏误对经济计量学应用和理论研究的迷惑和羁绊。第一个例子是内生性检验。在以验证特定前定因果关系为目标的计量模型研究中,内生有偏性被广泛视为一个最常见、最基础的问题。因此,检验理论所关注参数的内生有偏性被程式化为一个必经步骤。但是,由于内生性检验所设的直接对象是由模型衍生得来的,不具唯一性,这一检验其实助长了 p 值操纵之风的盛行。第二个例子是时序单变量的数据特征归类检验,以归类甄别变量是否为平稳或非平稳过程为主旨。检验的源动力是上章所述的以下信念,即单变量的随机生成机制是经济变量联合概率分布的基础元素。由于不少经济变量的动态表征会超出经典统计学所设定的平稳随机时序过程的范围,这一问题便成为经济计量学基础理论研究的一大热点。为了维持上述信念,检验研发者不得不将单变量呈现出的各种复杂动态表征考虑进检验所依存的模型框架中。从科学哲学的视角看,这种扩展模型的做法属于事后假设(HARKing, hypothesizing after the results are known),误入了偏执的假说迁就主义(accommodationism)歧途。

一旦学界达成共识,将统计学习视为计量学建模所必行之路,假设检验的首要用途就自然会转向协助模型学习和选择的方向。第4.2节综述假设检验在模型学习过程中的诊断性功能,并进一步揭示假设检验模式对于非确定性假设选择的模型学习任务的局限性。从机器学习的视角出发,假设检验框架之外的、以数据探索性分析为目标的统计学习手段,才是模型的设计和选择中需首选的必备工具,如基于信息准则的统计量、基于样本分解的交叉验证法以及对输入变量做排序筛选的系统步骤。只有在模型的学习选择完成之后,统计检验框架才有对模型内表述经济假说的参数做验证性分析的适用场景。

在哈维尔莫的"假设检验"一章中,他用一节的篇幅强调了"从数据观察中形成理论"的重要性(第17节)。他承认,构建能概述经验现象的理论模型类任务,实属"归纳性科学"的范畴,存在超出建模者可控的"失败风险"。这意味着,他所向往的假说检验概念趋同于我们在第4.2节所述的机器学习思路。但在历史局限下,他把如何评判这种"经验式归纳过程'正确与否'的问题"归入"形而上学"的讨论(原文第82页)。显而易见,第4.2节有关机器学习方法的讨论,为如何将哈维尔莫"从数据观察中形成理论"的理念付诸实施描述了一条可操作路径。

第4.3节通过两个实例来具体说明统计学习手段在模型构述过

程中的必要性。第一个例子解析微观经济计量学中的选择有偏性问题，第二个例子考察宏观经济计量学中的时序加总指标建模问题。从这两个实例的讨论中不难看出，针对具体研究问题及其应用场景，缜密构述理论假说适用的模型类，并且充分利用机器学习及其他探索性统计手段来系统拆析数据、选择模型，避免犯第 2.4 节所述的第三类错误，才应是经济计量学研究的核心任务。

4.1 验证性偏误：机械套用统计假设检验框架的困误

哈维尔莫引入的统计学技术是以验证单个假设和估计单个参数为对象的。面对经济学多变量联立模型的基础构思，他首先关注和考察的问题是统计估计技术对联立模型中单个变量的适用性。他对于普通最小二乘法用于联立模型中的单个参数估计时缺乏一致性的推证，即当今学界通称的"内生有偏性"，为经济计量学的研究重心奠定了方略：研究并确保先验给定模型中结构参数的统计最优估计（详述见第 5.1 节）。本节便以单一参数的内生性检验为例先展开讨论。

例 1

内生性检验

虽然联立模型的一般形式是多方程的多变量回归模型，哈维尔莫对参数内生有偏性的推证（1943；1944，第 5 章）却是建立在最简单的、对现实过度简化的双变量静态联立模型之上的：

$$y = \beta_1 x + \varepsilon_1$$
$$x = \beta_2 y + \varepsilon_2 \quad (4.1.1)$$

在假定式（4.1.1）中的变量服从联合分布的前提下，不难得出

$\mathrm{corr}(x\varepsilon_1) \neq 0$ 及 $\mathrm{corr}(y\varepsilon_2) \neq 0$ 的结果。虽然式（4.1.1）由于不可识别而无法直接估计，但若直接对模型中单个方程采用普通最小二乘法做估计，如式（4.1.1）中的第一式：

$$y = \beta_1^{\mathrm{OLS}} x + \varepsilon_1^{\mathrm{OLS}} \qquad (4.1.2)$$

就会有 $\beta_1^{\mathrm{OLS}} \neq \beta_1$。这个不等式是因为式（4.1.2）中的 β_1^{OLS} 是以 $\mathrm{corr}(x\varepsilon_1^{\mathrm{OLS}}) = 0$ 为前提条件的，该条件与式（4.1.1）隐含的 $\mathrm{corr}(x\varepsilon_1) \neq 0$ 不相一致。由此引致的参数偏误被称为"联立有偏性"。由于式（4.1.2）中的解释变量 x 在模型式（4.1.1）中也是被解释变量，因此上述偏误也被称为内生有偏性。

目前学界对内生有偏性的关注主要出现在基于单方程式的应用计量模型场景中。这时通用的偏误矫正法是工具变量估计法。以式（4.1.1）中的第一式为例，对该式实施工具变量法估计相当于拒绝式（4.1.2），并以下述模型取而代之：

$$y = \beta_1^{\mathrm{IV}} x^V + \varepsilon_1^{\mathrm{IV}}, \text{其中} x^V = V'\hat{\gamma}, \hat{\gamma} = (V'V)^{-1}V'x, \text{且} \mathrm{corr}(x^V \varepsilon_1^{\mathrm{IV}}) = 0$$
$$(4.1.3)$$

式中的 V 表示工具变量集。用式（4.1.3）取代式（4.1.2）的做法实际上设定了两者为互不嵌套的条件对立模型（non-nested rival conditional models），即必有 $x^V \neq x$。按照哈维尔莫的变量分类，内生有偏性的推论相当于将 x^V 设为理论变量并将 x 设为含有不可忽略的测度误差的可测变量的推论。内生性检验便是针对两者的取舍决策而设计的。检验的原假设和备择假设分别为：H_0: $\mathrm{plim}(\beta_1^{\mathrm{IV}} - \beta_1^{\mathrm{OLS}}) = 0$；$H_1$: $\mathrm{plim}(\beta_1^{\mathrm{IV}} - \beta_1^{\mathrm{OLS}}) \neq 0$。Hausman 检验便是最常用的内生性检验。

必须注意的是，经济学家通常假设和预期的内生性常态，即 $\beta_1^{\mathrm{IV}} \neq \beta_1^{\mathrm{OLS}}$，在内生性检验中并不是由原假设表述的，而是由备择假设表述的。这种一反验证性假设检验设计惯例的做法，使得内生性检验更貌似于下一节所讨论的诊断性检验。更值得注意的是，依据内生性检验取式（4.1.3）而舍式（4.1.2）的决策是不考虑（而且通常是排斥）模型拟合最优化选择标准的。在绝大多数的应用案例中，用工具变量法估计的模型残差之标准差要大于用普通最小二乘法时的标准差，这时若按模型拟合度评判，式（4.1.3）是劣于式（4.1.2）的模型。同时，由于式（4.1.3）引入了工具变量，其构成其实要比式（4.1.2）更为复杂。根据第2章综述的机器学习理论，拒绝相对简单的模型而选取相对复杂的模型，至少要以后者相对于前者有更高的拟合度和泛化度为实据。[1]另外，透过现象看本质，内生性检验的决策标准实为检验单个参数显著性的标准，这一点可表现在以下模型上：

$$y = \beta_1^{IV} x + \varphi x^V + \varepsilon_1^{IV'} \tag{4.1.4}$$

这时内生性检验等价于对上式经普通最小二乘法估计后参数 $\varphi \neq 0$ 的显著性检验。[2]正是这个单一的评判标准，加上构造 $x^V \neq x$ 的多种可能性，导致了应用学界众多的择差拒优模型结果。值得一提的是，应用学界对于这种择差拒优现象的通用说辩是：对于以验证理论假说所关注的单个结构参数为目的的研究课题而言，模型的最优化拟合及最优预测都不构成模型研究的必备标准。$\varphi \neq 0$ 这一标准不过是上述说辩的具体体现。如此彰显的验证性偏误视角，就决定了内生性检验在本质上是有别于那些协助模型学习选择过程的诊断性检验的。

内生性检验的显著性检验本质，加之其貌似于诊断性检验的表象，为应用模型研究者通过工具变量的选取来维持前定预期因果模型，提供了一条便利途径。由于工具变量在定义上是在结构模型所包括的变量集之外的变量，通过试验不同工具变量的组合，利用它们与前定疑似内生变量的相关性，取得统计显著的 φ 估值，往往并非难事。因此,工具变量法不但免除了应用模型研究者通过数据来学习选择最优模型的麻烦,又有助于他们寻找所期待的结构参数估值。值得一提的是,在统计模型的应用研究中,这类将谋求参数的统计显著性视为主旨的研究行为被简称为 p 值操纵;通过获得统计显著的参数估值来追求研究论文发表的学风,则被描述为"星级大战"(star wars)。[3]

有关工具变量法的 p 值操纵程度,Brodeur *et al.*(2020)的案例分析颇具解释力。该分析以比较项目评价模型所通用的四种估计法(数据对照随机试验法、工具变量法、倍差法和断点回归设计法)的 p 值操纵程度为主题,分析的案例来自 25 个经济学顶级期刊在 2015 年发表的 308 篇论文,分析的样本是这些论文中 13440 个有关项目因果参数的估值。分析比较的结果是,工具变量法的 p 值操纵程度相对最为显著。这一结果其实是(4.1.4)的必然产物。只要工具变量有一定的选择周旋空间,建模者便很可能找到满足 $x \neq x^V$ 的 x^V,实现验证 $\varphi \neq 0$ 的目标。p 值操纵是验证性偏误的典型表现。显然,享有 p 值操纵空间的科研方法是有损于其客观可信度的。这种学风的滋生反映出科研工作者对统计假设检验框架之局限性缺乏正确认识,没能意识到在大多数现实情形下,由假设检验得出的 p 值远远不能作为测度不确定性的唯一指标。鉴于此,《美国统计学家》(*American Statisticians*)学刊 2019 年特发了题为"21 世纪的统计推断:p 值 <0.05 的彼岸"的专刊[4],警醒统计模型应用研究者慎重使用统计推断技术,周全考虑统计试验的不确定因素。

例2

对时序单变量是否归于非平稳过程的分类性检验

时序单变量是否归于非平稳过程的议题是经济计量学理论研究

的热点,主要原因有三:第一,单变量的随机生成过程是经济变量联合分布的基础元素这一信念;第二,许多经济单变量明显超出了简单平稳过程可描述的范围这一表象;第三,非平稳随机过程在经典假设检验中还是空白。对这一议题的研究最初基于自回归模型前提下区分变量是否含单位根的检验。以第3.1节中的一阶自回归概率模型(3.1.2)为例,假设检验的设定为 $H_0: \rho = 1$, $H_1: |\rho| < 1$,如见最常用的 Dickey-Fuller(DF)检验。鉴于大量宏观经济变量呈现出的缓慢动态表征,DF 检验将单位根设定为反映常态的原假设,但这一设定超出了以平稳过程为基础的统计学假设检验框架。非平稳随机过程的分布函数形式给构造设计满足统计学最优检验标准的检验统计量带来巨大的技术挑战。[5] 为了尽量减小检验显著性水平的畸变,并尽量提高检验的功效,检验设计者需要克服比传统检验复杂得多的数学难题。同时,为了提高检验的适用范围,还需要不断扩展检验所基于的单变量模型,如从式(3.1.2)的 AR(1)模型向高阶自回归模型的扩展:

$$y_t = \sum_{i=1}^{n} \rho_i y_{t-i} + u_t \qquad (4.1.5)$$

扩展的 DF 检验就是基于式(4.1.5)的。然而,AR(n)模型类仍不足以充分概述现实中单个经济变量的常态动态表征。一种更广义化的形式是含确定性要素 μ_t 的时序模型:

$$y_t = \mu_t + z_t, \ z_t \sim \mathrm{AR}(n) \qquad (4.1.6)$$

式中的 μ_t 成为扩展模型涵盖各种可能假设的灵活项,如 $\mu_t = d'_t \delta$(d'_t 表示先验给定的确定性变量向量,δ 为相应的待测参数向量)。针对那些认为变量是随时间而变化的假说,就可在 d'_t 中增设时间变量 t,即将时间设为一个确定性因素;而针对变量不时会呈现出的"结构"断裂现象,则可将这些断裂点由虚拟变量表示,包含到 d'_t

中。为了体现结构断裂的随机偶然性,还可设定 $\mu_t = \mu_{t-1} + \pi_t \varepsilon_t$,$\varepsilon_t \sim iid\,(0, \sigma_\varepsilon^2)$,其中的 π_t 为代表非确定性结构断裂事件的伯努利随机过程。显然,对于 μ_t 的不同设定会影响相应假设检验的优化设计。当 μ_t 的设定中涉及待测参数时,假设检验的设计还必须考虑模型参数的最优估计问题。鉴于所涉数学推导的复杂性,加之对计量学主体范畴的覆盖性,该议题被视为引领计量学理论研究前沿技术水平的热点也就顺理成章了。

不过,尽管单变量时序归类检验理论设计的成果众多,它们的应用功效却颇为有限。对于绝大多数经济学家而言,精确推断单变量所属的随机过程归类与他们关注的现实课题相差甚远。最能反映这一差距的便是对结构断裂截然不同的解释。在以式(4.1.6)为出发点的理论研究中,结构断裂被处理为随机数据生成过程中的偶然污染点。但在现实中,应用模型在偶发意外事件冲击下的承受力,以及模型对有可能预测的突变事件的预警能力,才是大多数经济学家所关注的基本问题。他们也从不把单变量模型视为结构模型。归根结底,式(4.1.6)不过是一个对数据时序表征的描述性泛式。它与经济学家所关注的、由数个因果变量构成的经济机制差异明显。因此,从时序变量中观测到一定的规范性随机表征,并不能证实这些表征一定就是变量的数据生成机制。当假设对象是表象而不是本质时,检验结果不具有实质性功效是必然的。这种"验表不验本"的假设检验只能起到维持验证性偏误的作用。从式(3.1.2)到式(4.1.6)的广义化过程,都是为了维持单个变量的数据生成过程之基础性的信念。正是出于这种认知的验证偏误,数据中不断反映出的单变量随机特征的脆弱性才被纳入模型需扩展的范围之内,加以正规化。Hitchcock and Sober(2004)从科学哲学的角度出发,将这种一味增加假设模型可塑性的做法归为认识论上的迁就主义。迁就主义会激励过拟合模型的研发，使原本不被实例证实的假说成为不可被数据拒绝的统计假设。Kerr（1998）在反思逻辑经验主义的方法论时，构造了"HARKing"一词，以描述这类依已知结果设定事后假设但又将它们表述为事前假设的行为。他还归纳了HARKing容易导致的各种科研弊端。

不过需要阐明的是，HARKing行为本身并非必不可取，它的广泛存在其实反映着现实中因果推理过程的复杂性。HARKing之所以会产生负面效应，主要是因为HARKing本身隐含了一个经验学习的过程，而该过程却不在统计假设检验框架的考虑范围之内。也就是说，对于需要HARKing的课题而言，直接用假设检验的套路做经验研究是不适宜的。[6]这种不适宜性，其实源于经典统计学的研究对象与大多数应用社会研究对象的不匹配。为了明示这两种对象在性质上的不同，Deming（1975）将统计学的研究对象归为枚举类（enumerative）问题，以区分于应用社会研究的解析类（analytic）问题。统计假设检验针对的枚举类问题的前提假说形式简单，总体划界明确，数据样本的采集控制条件严格。由于问题分析的实效完全取决于从样本得出的测度结果，因此统计分析的焦点就是参数最优估计。解析类问题则不同，其研究对象通常是社会中的某种因果关系，研究旨在探究改善该关系的未来性能的切实途径。因此，对该关系在总体不具确定性的未来做出条件预测，才是研究的重心。采用假设检验手段来处理解析类问题，必然会引致对通用的简单假设构述形式附加更多的条件约束的做法。这种做法其实是想通过扩展理论假说形式的可塑性途径，来尽量弥补假设检验框架的匹配缺口。[7]这便是体现迁就主义的HARKing行为的实质所在。遗憾的是，这种方略忽视了解析类问题需要在开放式场景下做条件预测这一关键目标。

有关这一点的详细讨论见第6章。

不言而喻,实证经济学的研究对象大都为解析类问题。如前所述,处理这类问题的关键在于如何根据研究任务设计和选择出与数据信息相合的模型。也就是说,为了用假设检验工具来对解析类问题进行实证研究,首先必须有实证上足以信赖的模型。这种模型的学习过程也会用到假设检验工具。但这时的检验并不直接服务于实证先验关注的因果假说命题的目标需求,而是为了分辨模型的各种数据统计表征是否符合最优模型的标准统计特征,以辅助最优模型的选择过程。为了区别这类检验的不同用途,在经济计量学教科书中,通常把这类检验称为诊断性检验,并把检验中的假设统称为辅助性假说。[8]

4.2 诊断性检验与模型选择

经济计量学中最常见的诊断性检验当属对模型残差项之随机分布特征的检验。这些检验均以残差独立同分布这一经典假定为基准。该假定可由若干原假设表述,如残差项服从正态分布、残差项同方差、残差项序列不相关等。除了检验残差,诊断性检验还涉及两个方面:一是对模型参数估值的常数不变性检验,如邹检验及残差的累积和(cumulated sum of the residuals,CUSUM)检验,这类检验是任何用于预测的模型所必做的;二是比较分辨不同模型功能的检验,如在可嵌套模型范围内针对遗漏变量风险的参数零约束检验以及比较互不嵌套模型的似然比检验。针对模型比较的检验被统称为包容检验[9],检验的假设形式多样。值得一提的是,无论是针对参数估值的常数不变性检验还是针对模型的包容检验,检验的根本对象仍然少不了模型残差表现出的统计特征。

诊断性检验中的原假设用于描述研究者对于模型所预期的理想统计特征，原假设被拒的结果反映了模型与数据之间的不匹配。根据假设检验的设置常规，这种结果应是预期下的小概率事件。不过现实表明，应用计量模型研究却往往事与愿违，诊断性检验的原假设被拒属于常态。在这种常态下该如何有章法地应对，是应用计量学研究中的一大软肋。从哈维尔莫定位的理论模型之先验构述无误这一前提假定角度出发，导致这种非理想的诊断性检验结果的疑似原因就自然落在参数估计法的选择不当上了。以残差项序列不相关的检验为例，当用静态模型拟合时序样本时，通常会检验出残差的自相关表征。这时不难证明，通用估计模型的普通最小二乘法丧失有效性。弥补这一有效性缺失的"教科书式"方法，是用包含误差自相关系数信息的广义矩法取代普通最小二乘法。广义矩估计方法被普遍视作诊治残差自相关的便利方法，这尤其体现在使用动态面板数据的模型研究中。然而，从模型构述的角度看，这种广义矩法对估计有效性的提高，其实是根据备择假设，通过在估计量中引入对误差项的自相关设定，将静态模型隐蔽地改变成动态模型来实现的。也就是说，这一诊治方法属于隐性的迁就主义 HARKing。这一点在第 3.2 节所举的 DSGE 模型例子中反映得最明显。第 4.1 节例 2 中对于含结构断裂单变量广义模型的构述设定，则不过是将这种隐性行为显性化了。

将诊断性检验中原假设被拒这一结果的首要原因归为先验模型构述有误，是伦敦政治经济学院派力挺的一个关键信条。[10]相应地，诊断性检验也被赋予模型误设检验的标签，以别于针对检验理论假说的参数显著性的模型设定检验。另外，由于诊断性检验的最终对象仍为残差项反映出的统计特征，因此针对诊断结果修正模型设定的做法被称为误差统计方法（error-statistical approach）。[11]误差统计方法其实是为如何公开合理地 HARKing 寻求路径。显然，误差统计方法是与哈维尔莫奠定的经济计量学原旨和构架相悖的。不过更令人关心和忧虑的是，误差统计方法对于模型选择任务的作用其实相当有限。必须认清，诊断性检验中原假设被拒的结果，并不能为该如何系统矫正相应的模型构述之误直接指明出路。例如，当我们用常态模型来拟合的数据样本包含某种突发经济危机事件时，残差的多项诊断性检验之原假设都可能被拒绝，如残差项非正态分布、异方差等。这时，若参考每个备择假设并通过采用复杂的误差项分布函数来修改模型，则会弄巧成拙。误差统计方法的这种局限性，实为验证性假设检验框架的必然产物。由于原假设是检验预期反映常态的重心，检验对备择假设缺少足够具体的构设，因此也就对备择假设是常态的情形欠缺针对性。另外，由于误差本身是模型的附属衍生品，误差统计方法检验的直接对象只停留在模型的某种统计表征层面。这意味着，原假设被拒的检验结果只反映了计量模型和经济数据不匹配的现象，并不能告诉我们现象背后的实质性致因。

可见，就模型学习和选择任务而言，诊断性检验是远不够用的，需要有严格缜密的系统建模策略和步骤。其实，伦敦政治经济学院派的动态建模路径正是应此而生的。该路径总结了先验模型动态设定不足的通例，采纳一般动态模型类作为模型选择的起点。由于从预期上该模型类应能使诊断性检验之原假设的验证成为常态，这样该建模路径就从起点上基本避免了假设检验的局限性。建模者还可以利用各种诊断检验工具对该模型类做逐步约化，直到筛选出与数据吻合的最简洁模型为止。相比之下，在基于横截面数据样本的微观计量模型研究中，先验模型构述不足的原因往往要比宏观模型动态构述不足的情形更为错综复杂，要想总结出能满足使原假设的验证成为常态这一前提条件的模型类绝非易事。这也许就是诊断性检验及误差统计方法在微观计量模型研究中一直处于不受待见的尴尬地位的一个重要原因吧!

必须看到,探索性建模过程很难有唯一的通用系统路径可循。就诊断性检验工具的适用性而言,当备择假设的设定面临多种可选项时,基于二选一的验证性假设检验框架就不再适用,需要构造考虑到多重可行假设的 p 值分布的大规模假设检验手段。[12] 而当备择假设的多种潜在可选项个数是先验无法确定亦即备择假设集不属于闭集的时候,以概率 p 值为临界值的诊断性检验就失去了适用性。这就是为什么在机器学习领域,为协助模型的函数学习任务的判别性检验中不仅鲜见经济计量学界所熟悉的诊断性检验,而且大都不采用以 p 值为临界值的统计量。

下面让我们从机器学习的模型设计和选择原则角度出发,来讨论一下诊断性检验在选模过程中的位置和用途。为了便于讨论,我们以第 2 章中的关系式(2.1.2)和第 3 章中的关系式(3.3.1)为对象,将模型选择问题分解如下:

问题 A 就式(2.1.2)中的两个输入变量集 $\{x_1,\cdots,x_k\}$ 和 $\{z_1,\cdots,z_m\}$ 而言,有哪些变量对目标变量起着显著而且有规律的解释作用?

问题 B 就式(3.3.1)中那些被选入的输入变量而言,如何构述和选择它们相应的输入函数形式,才能最好地体现它们与目标变量的经济因果关系?

据机器学习理论,每个问题的处理都需要借助多个决策标准以及比较尺度,并需要在一个系统建模策略下通过构造有效的算法和迭代步骤来实施。算法和迭代步骤背后的最基本原则,应当是第 2 章所述的 SRM 准则。该准则含有两个选模基准:模型的精确性和泛化性。精确性体现在模型的 ERM 上,而泛化性则要求模型既简洁又稳定不变。这意味着，在以给定的模型类为出发点时，选模的关键是找到既不欠拟合又不过拟合的模型。为此，我们需要将数据样本分解为模型训练和测试两个部分，即 $\mathcal{D} = \mathcal{D}_{train} \cup \mathcal{D}_{validation}$（$\mathcal{D}_{train} \cap \mathcal{D}_{validation} = \emptyset$），通过搜索偏误–复杂度之最优权衡来实现模型选择。就统计量而言，辨别模型欠拟合或过拟合的最常用统计量当属集模型拟合精度和规模大小为一身的调整 R^2。[13] 除此之外，常用标准还包括一组被称为信息准则的统计量，如赤池信息准则（Akaike information criterion，AIC）、贝叶斯信息准则（Bayesian information criterion，BIC）、汉南–奎因（Hannan-Quinn，HQ）信息准则等。这些准则的差异源于它们对模型规模扩展的惩罚函数形式的不同选择。从理论角度看，惩罚函数形式的不同反映着选模标准的差异。例如，AIC 统计量是以模型的预测精度即渐近有效性作为构造惩罚函数的基准，而 BIC 统计量则是以模型的渐近一致性作为构造惩罚函数的基准。从应用角度看，由于 BIC 对于模型规模扩展的惩罚程度要严于 AIC，如 $d\ln(N)$ 对应于 $2d$（这里的 d 表示模型规模，N 表示样本容量），按 BIC 选取的模型很可能会比按 AIC 选取的模型要简洁些。也就是说，AIC 对于模型欠拟合的情形比较敏感，BIC 则对于模型过拟合的情形比较敏感。[14] 与以概率测度为评判基准的假设检验相比，基于信息准则的统计量不仅避免了选择适当概率临界值的麻烦和争议、更易操作，而且还可被灵活融入以控制模型规模为目标的正则化（regularized）最小二乘估计法中，作为针对 ε_{out} 的有约束优化算法的校准项（详见第 5.2 节的讨论）。

以上讨论的检验手段及步骤主要是针对问题 A 的。对于问题 B，需要考虑的一个重要评判标准是经济学解释性，亦即模型对于所关注议题之表示的忠实程度。就式（3.3.1）而言，该式中的参数就是上述标准的评判对象。我们在第 3.3 节业已阐明，设计对议题有意义的参数不是单靠先验推理就能实现的,该设计也是一项后验学习任务,与函数学习任务密切相关,通称为"特征学习"。在特征学习过程中,诊断性检验显然是不可缺少的工具。首先,模型误差项顺利通过各种常规诊断性检验,无疑是评价参数估值之统计特征性质的必备前提。其次,对模型参数不变性的检验也是特征学习中的必备环节。毕竟,不断寻求泛化性更强的模型是科学研究的共同目标。泛化性意味着模型结构之不变性,该不变性又是由参数估值之不变性集中反映出来的。对于基于时序样本的模型来说,递归估计法原理是对样本做训练部分与测试部分划分的有效手段,相应的各种递归式参数估值不变性检验是验证模型泛化性的便利工具,在样本量相对有限的情形下尤为如此。对于基于大样本微观数据的模型来说,机器学习中的各种交叉验证法则是验证参数不变性及模型稳定性的必备工具。[15]另外,各种包容性检验也是模型选择过程中的一组便利工具包,对各种信息准则统计量起补充作用。

上述分析表明,在开放世界中的解析类问题面前,统计检验手段的首需功能是判别功能。只有在判别学习到了具有泛化力的最简洁模型之后,经济计量学采用验证性假设检验框架、对表示经济理论假说的参数做模型设定检验的时机才成熟。这意味着,支撑统计检验的概率论的首要作用也是其判别决策功能。相比之下,概率对于具有经济学含义的参数的统计推断功能仅是第二位的。

还需强调的是,在不少解析类问题中,先验假说只能给出因果解释要素的大致可能范围,而不能明确划定一个解释变量闭集。鉴别哪些变量确实对目标变量起着规律性的作用,是探索性后验学习中的一个要点。这时,除了利用信息准则等统计量协助变量选择,如何排序变量选择过程也是建模者需要考虑的。对于这一点,在机器学习中有着正向选择(forward selection)和反向排除(backward elimination）两个排序途径。[16]经济计量学中的伦敦政治经济学院派从一般到具体的动态建模法，其实用的就是反向排除法选择原则。[17]该原则适用于被选择变量个数有限但变量之间存在显著相关性的情形，如对若干个时序变量滞后延迟项的筛选。正向选择途径通常适用于被选择变量集比较大且变量间的因果替代效应不强的情形。而当研究课题中的解释变量及其输入形式都存在很大的不确定性时，建模者往往需要迭代循环使用函数学习与特征学习的算法，进行反复试验，才有望实现应用模型的最终设计和选择。

4.3 "从数据观察中形成理论"：从数据拆析到模型构述

哈维尔莫在他的"假设检验"一章中着重解析了"从数据观察中形成理论"（原著第 17 节标题）的含义。他强调，数据中的"经验知识"是理论建模必须参考的知识（第 81 页）。这相当于对 HARKing 行为的某种认可，也是对假设检验框架缺乏直接适用性的默认。如今，利用电脑总结提取数据经验知识，无疑是对人脑的强大扩充。不仅如此，我们还可将"从数据观察中形成理论"的过程电脑化、系统化，这便是机器学习的真谛。显然，参考数据信息后验形成理论的过程要比单纯依靠先验推理构述模型的过程复杂。导致该复杂性的一个不容忽略的主因是：适于应用的理论模型不仅要包含具有全局普遍性的理论假说成分，而且还要包括刻画具体研究场景中那些不可忽略的个性化特征的成分。对这两个部分的适当权衡和结合，是实证模型研究成功的必备前提。[18]毕竟，模型构述任务是比统计检验层次更高的研究任务。

上节沿机器学习思路讨论的模型选择过程是围绕着式（2.1.2）和式（3.3.1）这两个模型类展开的。这两个式子只是对诸多实证问题的广义函数表示,并不能充分体现根据特定研究课题、通过数据拆析实现模型构述的必要过程。下面就用两个课题案例来补充这一点。

案例 1

采用数据有缺失的样本对劳动力供给的工资效应做估计推断

在使用住户调查样本研究劳动力供给行为时,样本中无业应答人的"工资"一项空缺造成了样本的部分数据缺失。这时若仅用从业人员的子样本做工资供给效应的估计,其结果是否具有总体推广性呢?经济计量学教科书将上述问题构述为采用删失(censored)或截尾(truncated)数据样本的限值因变量模型,并将问题的处理和诊治集中在一致估计法的选择上。[19] 这一定位的推理依据是,数据缺失源于应答人的选择行为,致使通用的回归模型被截尾,使得普通最小二乘法失去一致性。因此,这种欠一致性被称为选择有偏性。然而,上述推理存在着基本认知偏误。估计量的一致性是针对已知总体特征而论的。而本例所涉的推断总体属于**未知的反事实**总体,即假若那些无业人员也去就业的虚构情形。因此,问题的答案取决于我们对该虚构情形总体特征的构述,这一构述是限值因变量模型类所不能满足的。显然,解决问题的起点是对每个无业人员的反事实劳动力个体供给行为做出预测估算,这样才能对先验未知的反事实总体特征及其可行疆界做出后验预测估算。前面的第2.3节业已提过,针对个体或特例的统计推断问题属于转导学习范畴。

下面就细述一下我们应如何从转导学习理念出发来构述本课题。用 $X = \{h, w, Z\}$ 表示针对某现实总体有着足够代表性的住户调查样本。其中的 h 为劳动力的工作小时量,w 为小时工资率,Z 是与 h

和 w 有关的解释变量集（$Z = Z_h \cup Z_w$，且 $Z_h \cap Z_w \neq \emptyset$）。当应答人 $h_i = 0$ 时，样本中的 w_i 缺失。构造一个缺失数据指数 l：当 w_i 缺失时，$l_i = 0$；当 w_i 不缺失时，$l_i = 1$。在微观经济学中，通称 l 为劳动力参与率（labour force participation，LFP）（为简化起见，下文中尽量删去了标注个体的下角标 i）。依 l 将样本分为两个子样：$X = \{X_0, X_1\}$。通常，X_1 的样本量要明显大于 X_0 的样本量，但后者也非小得可忽略不计。现将使用 X_1 刻化劳动力工资供给效应的模型记为：

$$h_1 = f_{h_1}(w_1, Z_{h_1}; \boldsymbol{\beta}_1) + \varepsilon_{h_1} \tag{4.3.1}$$

参数集 $\boldsymbol{\beta}_1$ 中对应于 w_1 的是理论最关注的参数。这时我们关注的议题是：由式（4.3.1）得出的结果是否可用于推断假想 l_0 中所有人都就业的虚拟行为特征？必须看清，此议题下的 h_0 已经不是原样本中的零值变量，而是反事实场景中的缺失变量。

经济学对 l_0 组人群选择不就业的一个通用解释是：该人群的潜在劳动力价格 w_0 是无法实现劳动力市场出清的价格。这一假说解释判定工资数据缺失的形式是非随机的。于是便有了使用普通最小二乘法估计 $\boldsymbol{\beta}_1$ 存在选择有偏性的推论。鉴于工资数据缺失形式的关键作用，我们就先从转导学习 w_0 入手。为此，我们采用 Ruben（1987）的多重插补法（multiple imputation）来系统分析缺失数据的可行形式及其后果。本质上看，多重插补法就是利用 Z_1 与 Z_0 之间的相似可比信息对每个缺失值的随机预测。[20] 在多重插补法分析中，数据缺失机制被分为三种：完全随机缺失（missing completely at random，MCAR）、随机缺失（missing at random，MAR）和非随机缺失（missing not at random，MNAR）。将通用的人力资源模型记为：

$$w_1 = f_{w_1}(Z_{w_1}; \boldsymbol{\alpha}_1) + \varepsilon_{w_1} \tag{4.3.2}$$

上述三种机制便可记为：（a）MCAR：$P(l_i | w_0, Z_w) = P(l_i)$，（b）MAR：$P(l_i | w_0, Z_w) = P(l_i | w_1, Z_w)$ 及（c）MNAR：$P(l_i | w_0,$

$Z_w) \neq P(l_i \mid w_1, Z_w)$。不难看出，MNAR 涵盖了经济学有关非随机工资数据缺失的解释。对于 MNAR 情形，我们可以通过对多重插补值做敏感性分析来试验考察，其基本步骤如下：利用式（4.3.2）在假定 MAR 情形下对 w_0 做多重插补，记为 w_0^{MAR} 并将其与 w_1 串联，构成 $w_{0+1}^{\text{MAR}} = \begin{pmatrix} w_0^{\text{MAR}} \\ w_1 \end{pmatrix}$。由于在 MAR 前提下，以下解释 LFP 的逻辑回归模型或者概率单位模型必然成立：

$$l = f_l(Z, w_{0+1}^{\text{MAR}}; \boldsymbol{\gamma}^{\text{MAR}}) + \varepsilon_l = f_l(Z; \boldsymbol{\gamma}^{\text{MAR}}) + \varepsilon_l, 其中 \gamma_w^{\text{MAR}} = 0$$

(4.3.3)

我们便可以通过对 w_0^{MAR} 施加一定的系统位移，生成 w_0^{MNAR} 以及 $w_{0+1}^{\text{MNAR}} = \begin{pmatrix} w_0^{\text{MNAR}} \\ w_1 \end{pmatrix}$，代入上式，使之被下式替代：

$$l = f_l(Z, w_{0+1}^{\text{MNAR}}; \boldsymbol{\gamma}^{\text{MNAR}}) + \varepsilon_l, 其中 \gamma_w^{\text{MNAR}} \neq 0 \quad (4.3.3')$$

依据先验知识设计一系列现实可行的系统位移，我们就可以通过上述敏感性分析模拟出一系列的 w_0^{MNAR}。

得到了 w_0^{MAR} 和 w_0^{MNAR} 之后，我们就可以利用式（4.3.1）对反事实的 h_0 做相应的多重插补。据多重插补分析法，这时的 h_0 属于随 w_0 缺失的单调缺失。[21]同时据经济学常理，其缺失机制应为 MAR，即 $P(l_i \mid h_0, w, Z_h) = P(l_i \mid h_1, w, Z_h)$。据多重插补分析法的推证，在研究对象的正确统计模型已知的前提条件下，只有在有数据缺失的变量是响应变量而且其缺失机制是 MNAR 时，用普通最小二乘法回归无数据缺失子样本的参数估值才丧失一致性。[22]这意味着，(4.3.1) 中的 $\boldsymbol{\beta}_1$ 是不受选择有偏性之扰的。选择有偏性仅在 w_0^{MNAR} 情形下会干扰式（4.3.2）中的 $\boldsymbol{\alpha}_1$。

不过，实际应用场景通常不满足正确统计模型已知这一前提条件。而且，经济学家所关注的现实问题，其实是将无数据缺失子样本的劳动力供给模型用于预测特定反事实场景时的参数不变性。将该不变性表述为估计量的一致收敛性是不准确的，因为一致收敛性隐含假定相关总体是先验确定已知的。使用多重插补法得到 w_0^{MAR} 和各种 w_0^{MNAR} 及其相对应的 h_0^{MAR} 之后，我们就有了一系列的无缺失数据的模拟子样本 $X_{0,MI}$，这些样本构成我们推测反事实可行总体的疆界。利用这些 $X_{0,MI}$ 对式 (4.3.1) 进行回归，我们就可以通过常数不变性检验，即 $H_0: \boldsymbol{\beta}_1 = \boldsymbol{\beta}_{0,MI}$ 来得出本题的经验答案。同理，我们也可通过对式 (4.3.2) 进行回归来检验 $H_0: \boldsymbol{\alpha}_1 = \boldsymbol{\alpha}_{0,MI}$。上述 H_0 都应该属于预期的常态，除了后一检验用于 $X_{0,MI}$ 中含有 w_0^{MNAR} 的情形。也就是说，选择有偏的推断仅适用于式 (4.3.2) 在 MNAR 场景下得到 $\boldsymbol{\alpha}_1 \ne \boldsymbol{\alpha}_{0,MI}$ 的检验结果。原假设被拒的其他反预期检验结果，特别是 $\boldsymbol{\beta}_1 \ne \boldsymbol{\beta}_{0,MI}$ 的结果，其导因只能是模型的泛化性不足，而不是选择有偏性。这一诊断通常有模型对两部分子样本回归残差呈现出的各种不满足统计理想分布的特征作为佐证。[23]

以上分析充分暴露了围绕着式 (4.3.1) 形成的选择有偏推理的认知及其模型构述之误导性。由于如何采用后验手段来模拟可行反事实总体特征是研究本例的首要和基本问题，对这个问题的处理超出了有监督学习任务类的范围。采用属于有监督学习任务类的限值因变量模型来处理问题的首要弱点，并不是估计量欠一致性或选择有偏性，而是由忽略 Z_0 中个体特征信息所致的欠有效性，因为这类信息是转导学习反事实总体特征的必备信息。这一点可以更清晰地体现在使用项目评价模型测度政策评价处理效应的研究中。特定的政策目标相当于锁定了课题所关注的总体特征疆界。这时如何根据对照样本匹配原则后验选择"控制"人群组的问题，便成为估计政策处理效应模型研究之合理性和有效性的关键前提。这种选择相当于根据政策目标来过滤本题中的 l_1，以选出与政策目标最匹配的 l_0 中的子样群。对照匹配的选择原则是等价于转导分析原则的。

案例2

用模型综合多项经济指标生成前导指数

在大约一个世纪的经验式商业周期研究中，发掘和构造可用于经济预测的前导指数一直是经济学家试图攻克的一项难题。在利用模型生成综合前导指数方面，经典的首创性研究有 Sargent and Sims (1977) 和 Stock and Watson (1989)，其模型基础是统计因子分析法 (factor analysis)。遗憾的是，基于因子分析模型的综合指数的应用结果一直不理想，主要问题有因子负荷系数普遍欠常数性、对建模关注目标的预测成效尚缺乏足够确凿的证据。

从机器学习的视角看，用因子分析模型构述综合前导指数的做法也犯了第三类错误，认知失误主要在两方面。其一，前导预测是指数构造的主旨，针对待预测的目标变量而言，该模型研究应属于有监督学习的范畴，而因子分析法原本属于无监督学习的变量降维范畴。[24]其二，从模型的因果关系构述角度看，因子分析法假定多个可测指标变量是其内涵潜变量即共性因子的表象，也就是说，假定潜在共性因子是多个可测指标变量的共有自变量。而利用模型生成综合指数的议题属于综合指数的构造问题，可测的个体指标变量不是模型生成的综合指数的表象，即后者不是前者的共有自变量。

下面，我们就以金融状况指数（financial conditions indicators, FCIs）为例，来讨论一下如何根据待预测的宏观变量来构述综合前导指数的测度模型问题。[25]设我们所关注的宏观目标为 y_t，解释该变量的常规宏观模型为上章介绍的 ARDL 模型类，如：

$$y_t = \alpha_0 + \sum_{i=1}^{n} \alpha_i y_{t-i} + \sum_{i=0}^{n} B_i X_{t-i} + e_t \qquad (4.3.4)$$

式中的解释变量集 $X = \{x_1, \cdots, x_k\}$ 包括传统的宏观金融状况变量，如利率及货币总量或其变动率等，B 是相应的参数向量。但是，因为这类变量来自银行系统，所以很可能对发达的金融市场的全貌信息反映不足或者不及时。这一可能性假说相当于假定式 (4.3.4) 存在遗漏前导金融潜变量问题。为了检验这一假说，我们设存在若干个能够提高式 (4.3.4) 之预测力的金融市场总体状况综合指数 $F = \{f_1, \cdots, f_s\}$，亦即式 (4.3.4) 应被扩展为：

$$y_t = \alpha_0 + \sum_{i=1}^{n} \alpha_i y_{t-i} + \sum_{i=0}^{n} B_i X_{t-i} + \sum_{i=1}^{n} \Gamma_i F_{t-i} + \varepsilon_t \qquad (4.3.5)$$

倘若通过模型选择约化之后，由式 (4.3.5) 类得出的预测结果的确优于由式 (4.3.4) 类得出的结果，那么上述假说则被验证。

上述模型框架把 FCI 的构造问题明确定位在有监督学习的变量降维范畴之内。令 $\{I_{jt}, j = 1, \cdots, m\}$ 表示由各个金融市场搜集来的一个数量可观的可观测变量集，这些市场涵盖股票市场、债券市场、货币市场及衍生品市场。这时，我们就可根据"前导"的要求设定如下的偏回归测度模型类：

$$y_t = \sum_{i=1}^{n} \omega_{ji} I_{jt-i} + \vartheta_{jt}, \quad j = 1, \cdots, m \qquad (4.3.6)$$

式中权数 ω_{ji} 可由偏最小二乘法估计法得出。将得出的最初几个 F 用于式 (4.3.2) 类，做上述两个模型的约化比较，以实现假说验证。这里必须强调，测度理论的一项基本准则是，任何综合指标必须满足时序上的毗连性（time-wise concatenable）。[26] 这意味着，在从式 (4.3.6) 选择约化出的具体测度模型过程中，必须做足够的递归估计试验及参数的常数性试验。

一旦采纳了有监督学习的建模框架，综合生成前导指数的构述设计就有了针对性，这也就增加了为具体问题进行具体设定的空间。这是基于因子分析法的 FCI 建模框架所无法相比的。这一模型构述个性化特征的优越性可由动态特征设计上的两个侧面来展示。其一，为了体现来自不同金融市场可测变量间的动态非同步性，我们选择采用滞后分布模型形式作为测度模型，如式（4.3.6）所示。其二，考虑到宏观目标变量与金融指数的动态特征的复杂匹配问题，我们可利用从 ARDL 模型类向 ECM 模型类的等价转换关系（见第 3.3 节），先将式（4.3.5）转换为 ECM 类，再将有监督学习的目标分解为两个：一个为短期变量，另一个为长期非均衡复合变量。相应地，前导指数的构建也可以被分解为短期和长期两种，以便更好地满足对于数据变动之独立可分离性的设计理念。另外值得一提的是，当可测金融变量集包括大量来自临近地区或相似经济体同一金融市场的相似指标时，为了控制这些指标间的信息重复性，我们还可以在通过式（4.3.6）做有监督学习的变量降维之前，增加一个聚合这些指标的非监督学习的降维步骤。

值得重复强调的是，上述两个案例中的各经济关系式都是模型类，从各类模型中选择出具体模型函数式，无疑是实现理论假说验证目标的一个基本环节。但仅此一环节并不足以实现对所关注理论假说准确到位且具有实用功效的模型构述。不难看出，这两个案例具体而生动地诠释了本章以及前几章中的关键论点，特别是统计假设检验框架远不能胜任模型构述任务这一论点。具体地，后验学习是构建实用、稳健模型的必备环节。只有填密设计理论知识与数据信息得以密切相互作用的系统试验空间，通过进行大量的数据迭代试验，我们才有望找到最能满足 PAC 可学性标准的模型。鉴于此，我们必须摒弃将经济计量学研究模式简单分为有理论测度与无理论测度的二分法传统理念。其实，早在近半个世纪前，Zellner 就提出过类似的观点。在其有关计量学的因果关系研究的综述（Zellner, 1979）中，其最后的结论就是："'有理论测度'与'无理论测度'属于必须避免的两种极端观念。"上述极端观念是建立在如下的简单分类标准理念上的：凡单纯靠先验推导演绎得出的模型就赋予"理论"标签，而需要经后验数据分析得出的模型便只能是"经验"模型。在人工智能和机器学习崛起的背景下，这种分类理念的落伍已暴露无遗。

注释

[1] 模型（4.1.3）比（4.1.2）拟合程度差的情形不同于过拟合的情形。后者指的是模型在样本内的拟合程度随着模型设定复杂度的提高而提高但在样本外的预测精度随之下降的情形。而基于工具变量的模型相对于不使用工具变量的模型，两者均下降。

[2] 这种实用检验方式在教科书中多有介绍，如参见 Berndt（1991）的第 8 章。

[3] 由于发表的论文中通用不同个星号"*"表示参数估值的统计显著程度，Brodeur et al.（2016）便把这种注重追求统计显著的参数估值学风描述为论文发表的"星级大战"。有关 p 值操纵的详述，则可见 Hirschauer et al.（2016）。

[4] 鉴于统计显著性的广泛应用，这一统计学争论也得到了许多学科的关注，如见 Mayo（2018）从科学哲学角度的阐述。

[5] 有关本课题研究的详细综述，可参见 Mills and Patterson（2006）主编的 Palgrave 经济计量学手册第一卷《经济计量学理论》中的第 IV 部分。

[6] 详述可见 Prosperi et al.（2019）。

［7］详述可见 Hahn and Meeker（1993）。

［8］有必要指出，用"辅助性"这一概念对检验的假设分类有一定的局限和误导性。从验证经济理论都需要通过模型来间接实现的认知视角看，计量模型中使用的假设检验其实都属于辅助性的检验。

［9］包容性检验源于 Cox（1961，1962），其在经济计量学中的早期发展可参见 Pesaran（1987）以及 Mizon and Richard（1986）。

［10］详述可见 Hendry（1980，2009）。

［11］详述可见 Spanos（2010，2018）。

［12］详述可见 Efron and Hastie（2016，第15章）。

［13］统计学中与调整 R^2 相对应的还有马洛斯（Mallows）的 C_p。不过这一统计量在经济计量学教科书中很少介绍。

［14］有关信息准则中不同惩罚函数选择的讨论，详述可见 Kadane and Lazar（2004）及 Ding et al.（2018）。有关模型选择过程中采用 AIC 与 BIC 准则之争的讨论，可参见 Yang（2005）以及 Dziak et al.（2020）。

［15］有关交叉验证的综述讨论，可参见 Arlot and Celisse（2010）。

［16］详解可参见 Hastie et al.（2009，第3章）和 Shalev-Shwartz and Ben-David（2014，第25章）。

［17］这一原则贯穿了 PcGive 和 PcGet 这两个时序计量建模软件包的设计理念，详述见 Hendry and Krolzig（2003）以及 Hendry and Doornik（2014）。

［18］这里可参见 Swann（2006）对注重考察分析具体经济特征之重要性的讨论。

［19］详述见 Maddala（1983）、Cameron and Trivedi（2005，第16章）及 Kennedy（2008，第17章）。

［20］有关多重插补法的详细讲解，可参见 Carpenter and Kenward（2013）。

［21］有关单调缺失的定义，详见 Carpenter and Kenward（2013，第3章）。

［22］详述见 Carpenter and Kenward（2013，第1章）及 Carpenter and Smuk（2021）。

［23］应用中，通常将 f_{h_1}、f_{w_1} 及 f_l 设定为参数为线性形式的函数。有关本例的详细阐述及探索性实证案例分析，可参见 Qin et al.（2019）。

［24］因子分析法是与主成分分析法密切相关的，它们在机器学习教科书中都被归类于无监督学习的降维工具。而在测度理论中，基于因子分析和主成分分析的降维模型被解释为**反映性**测度模型（reflective measurement model），用于刻画可观测的变量与它们共同反映的潜在自变量间的因果关系；构造综合指数的降维模型则被解释为**形成性**（formative）或组合（composite）测度模型，这类模型所需的降维标准要比反映性测度模型更复杂，通常要引入目标变量，参见 Markus and Borsboom（2013，第 II 部分）。

［25］有关本例的详细阐述和案例分析，可参见秦朵等（2021）和 Qin et al.（2022）。

［26］详述见 Markus and Borsboom（2013，第2章）。

第 5 章
CHAPTER 5

估计方法的问题与潜能

如何对先验理论模型中定义的结构参数做出最优估计？这一直是经济计量学中的核心问题。这一问题的原始定位便是哈维尔莫对内生有偏性的推证。继哈维尔莫的推证之后,学界对各种参数形式的最优估计问题进行了很多集体讨论和研究扩展,使得该问题在现今的经济计量学中处于稳固无疑的核心地位。Athley and Imbens (2019,第 2.1 节) 中对"真实值的估计"(estimand)概念的讨论,是反映这一现状的一个例证。有必要重申,对于最优估计方法的甄别,是以先验给定理论模型为**已知**且普遍正确的模型为假定前提条件的。前面的章节已充分揭示,无论理论模型的先验推导过程多么严格和复杂精妙,该假定前提都无法成立。一旦学界公认这一事实,摒弃该假定前提,最优估计的核心位置就必然被动摇。

充分揭示以参数最优估计为核心的研究方法的缺陷是本章的首要任务。统计学从简单回归模型场景出发,把普通最小二乘法

（OLS）作为通用的最优估计方法。在经济计量学中，有关 OLS 丧失最优性的数学推证，其理论模型场景都超出了简单回归模型的场景。推证的直接依据则是模型的残差项不能满足理想的经典统计假设条件。我们在上章业已阐明，由模型残差测出的各种统计上欠理想的表征，大都反映着先验模型构述不足的问题。但因为这时将模型的普遍正确性置于无可置疑的前提之上，所以由模型残差暴露出的问题便只能被推论为估计方法欠最优性的问题了。不幸的是，通过改变估计方法来诊治残差问题，是一个治标不治本的研究策略。它不仅会掩盖先验模型构述不足的根本问题，还会隐性更改模型所表述的理论假说的本意。另外，估计结果还可能使模型的拟合度或泛化度比不改变方法时更为糟糕。因此，将估计方法的选择作为核心的研究策略，实质上是一个粉饰模型构述问题、为先验构述不足的模型系统提供虚谬实证的策略。我们将在第 5.1 节沿用第 4.1 节的两个例子来说明这一点。这两个例子的讨论表明，在消除先验模型中的各种构述不足问题之前，考察参数最优估计问题的条件尚未成熟，考察该问题为时过早。

一旦经济计量学把通过统计学习来选择模型的研究任务置于首位，辅助模型选择就成为估计的首要职能。讨论这一职能是第 5.2 节的主题。在模型学习过程中，估计作为统计学习算法的一部分，起着从样本中提取可用于评价模型功能的间接数据证据的作用。由于结构风险最小化是模型学习的基本目标，估计法的通用选择标准便是目标损失函数的最小化。将这一选择标准数学正规化，就形成了一类增广估计量（augmented estimators）。增广估计量中增加了一个附加约束条件：体现模型选择目标的正则化损失函数。必须明确，从应用的角度出发，我们需要从认知上将这类估计量与为统计推断服务的传统估计量区别看待。这是因为处理模型学习问题的关键数据场景是测试样本,而经典统计学中的估计问题是建立在样本与总体二分法的设计理念之上的,根本没有考虑对现有数据做训练样本与测试样本划分的必要性。

第 5.3 节的议题是模型选择之后的参数推断问题。由于在有序的模型学习过程中,从残差项暴露出来的问题大都得到解决,目前教科书中广泛讨论的各种复杂估计问题便不复存在了。这使选择参数之最优估计量的任务简化了许多。相比之下,更重要和艰巨的任务是模型的再参数化,亦即如何通过模型变形的设计实现如下双重目标:第一,输入因素相对简洁和独立可分离;第二,参数的理论解释可信赖。前面的第 3.3 节已经在特征设计或表述学习的议题下讨论了相关任务。这里需明确的是,模型选择之后的参数推断是统计学习与经典统计学的交接点。目前,统计学和机器学习领域就经典统计学工具对于统计学习得来的模型之适用性问题的讨论仍未达成共识。本节将简单概述有关讨论要点。总之,本章进一步强化了上章的结论:针对经济学假说的实证分析研究的任务而言,经典统计学的框架实在过于狭窄和简单,无法作为有效完成任务的核心工具源。

5.1 先于模型选择的参数估计问题

第 4 章已阐明,实证经济学问题的研究场景与经典统计学的随机试验控制场景之间有着不可逾越的鸿沟。建立在实证性统计学框架内的经济计量学,是以先验理论模型的常态正确性为起点的。当模型残差显露出该鸿沟的征兆时,用改变估计方法来诊治征兆、填补鸿沟便成了经济计量学的唯一方略。这些征兆有的是从先验推理中发现的,有的是从后验试验中发现的。由于经济计量学从统计学引进的模型以基于 OLS 的回归模型为主体，经济计量学对估计问题的讨论便集中体现在对 OLS 估计量缺乏最优性质的推论上了。研发和使用可矫正 OLS 之欠最优性的其他估计方法，就成为经济计量学的核心关注点。不幸的是，这种以估计方法为核心的研究策略犯有方向性错误。本节通过延续讨论第 4.1 节中的两个例子来揭示其认知陷阱。

例 1

由先验推证的内生有偏性而对 OLS 欠一致性的推论

前面已经提到，上述推论（先验推证的内生有偏性导致 OLS 缺乏一致性）以及诊治思路源于哈维尔莫对静态联立方程模型估计问题的讨论。后续的效仿研究将他的讨论思路推演到了单方程模型中。于是，内生有偏性便成为对遗漏变量有偏问题以及样本的总体代表选择有偏性问题的综合诊断。由于这类问题是单方程模型研究中普遍关注的问题，学界内便充斥了对内生有偏性的恐惧和认知混淆。同时，普及通用的诊治该有偏性的工具变量法又助长了 p 值操纵的盛行。

为了明示诊治内生有偏性的认知缺陷根源，我们采用机器学习中将误差项分记为样本内 ε_{in} 与样本外 ε_{out} 的做法。这里沿用上章对二元静态联立模型 (4.1.1) 的讨论思路，从模型中第一式的因果链假设 $x \to y$ 来考察内生有偏性。现将式 (4.1.2) 改记为

$$y = \beta^{\text{OLS}} x + \varepsilon_{y|x} \tag{5.1.1}$$

模型 (4.1.1) 中的 y 与 x 的联立设定意味着，假若该模型的参数是可被估计的，则必有 $\text{corr}(x\,\varepsilon_{y|x,\text{out}}) \neq 0$，但是 OLS 估计的前提条件是 $\text{corr}(x\,\varepsilon_{y|x,\text{in}}) = 0$。因此，在未做数据分析前就不难发现，$\beta^{\text{OLS}}$ 与模型的联立设定不相匹配。对于 OLS 这种欠一致性的推理目前被广

泛延伸到单方程模型的情形。这是因为，单方程模型的因果关注点通常是类似式 (5.1.1) 中的 $E(y|x)$ 这种高度局部的均衡理论，而现实中多重经济变量间的相互影响又是普遍存在的。这意味着，在被动观测的数据面前，变量被遗漏的问题是不可避免的。同时，先验推理又不可能完全识别出所有潜在可能的遗漏变量。现将这种不具明确定义的遗漏变量记为 z。这时若先验知识不具排除 $\text{corr}(xz) \neq 0$ 可能性的理由，研究者就必须考虑应对遗漏变量有偏性的措施。从式 (5.1.1) 出发，套用哈维尔莫的分析思路就不难得出，这种不具明确定义的遗漏变量的潜在有偏性同样会导致 $\text{corr}(x\, \varepsilon_{y|x,\text{out}}) \neq 0$。于是，OLS 欠一致性的逻辑推证便在经济计量学中被广义化，使之在学界内声名狼藉。

经济计量学教科书推广的诊治内生有偏性的处方是用工具变量（IV）估计法替代 OLS。在一般形式的多变量单方程回归模型场景下，我们可以把 IV 估计量用矩阵式表示为广义最小二乘（GLS）估计量：

$$\boldsymbol{\beta}^{\text{IV}} = (X'V(V'V)^{-1}V'X)^{-1} X'V(V'V)^{-1}V'Y \quad (5.1.2)$$

并将其作为取代 $\boldsymbol{\beta}^{\text{OLS}} = (X'X)^{-1} X'Y$ 的估计量。上式中的 V 为一个 IV 变量集。表述 IV 估计量的另一种方式是两阶段最小二乘法（2SLS）。针对本例而言，第一阶段是一个基于条件预期 $E(x|V)$ 的回归式[1]，第二阶段是用第一阶段回归式的拟合变量 x^V 来取代式 (5.1.1) 中的 x，做 OLS 回归估计：

$$y = \beta^{\text{IV}} x^V + \varepsilon_{y|x^V}, \quad x^V \equiv E(x|V) \quad (5.1.3)$$

$\beta^{\text{IV}} \neq \beta^{\text{OLS}}$ 便是学界广泛认可的内生有偏性的经验证据。不过，在工具变量选择问题上，以及有关 β^{IV} 的经济解释方面，学界中的争论持久不休。追根求源，这种争论不休不无道理。先从 IV 的选择看，为获取 $\beta^{\text{IV}} \neq \beta^{\text{OLS}}$，就必须先有 $x^V \neq x$。这意味着在 2SLS 中第一阶段的回归时，必须放弃通用的对被解释变量 x 实现最优拟合逼近的目标。

也就是说，为了得到 $\beta^{IV} \neq \beta^{OLS}$，就必须容许在第一阶段采用非最优回归的选择规则，这就决定了 IV 选择的非唯一性。再从 $\beta^{IV} \neq \beta^{OLS}$ 对 $x^V \neq x$ 的依存关系看，选用 IV 估计法实质上是对模型所关注的自变量做了隐性修改，即用 IV 生成的变量 x^V 替换掉理论假说中被先验判定为"内生"的条件变量 x。从变量修改的角度看，我们可以把式 (5.1.2) 中的 GLS 看作由 IV 对 x 做了某种加权组合后的 OLS。于是，选择 IV 估计量而不用 OLS，就等价于选择式 (5.1.3) 而不用式 (5.1.1)。由于 OLS 是两者公用的估计法，上述估计量的选择之争本质上就是条件预期模型的选择。从这两个模型选择的视角看问题，我们就能明白为什么关于 IV 的选择争论会涉及模型解释的层面了。在 $x^V \neq x$ 的前提下，式 (5.1.1) 与式 (5.1.3) 代表两个互不嵌套的条件预期对立模型。由于从式 (5.1.3) 生成 x^V 的 IV 组合多种多样，若无视其刻画的 $x^V \to y$ 之因果关系，把 β^{IV} 作为测度式 (5.1.1) 中 $x \to y$ 之因果关系的效应的解释，则必然既欠缺明确性又缺乏可信度。从这两个非嵌套对立模型的角度看，IV 估计量的选择相当于拒绝了式 (5.1.1) 中的 $E(y \mid x)$，而支持式 (5.1.3) 中的 $E(y \mid x^V)$。换言之，IV 估计法的实质就是通过修改研究者所关注的条件变量，来治理先验得出的 $\mathrm{corr}(x\, \varepsilon_{y \mid x, \mathrm{out}}) \neq 0$ 的推论。而正是由于 IV 修改方案存在多种可能性，将修改的模型完全等同于原理论假说模型的解释法，显然是不能说服所有研究者的。[2]

上述困境促使我们来斟酌 $\mathrm{corr}(x\, \varepsilon_{y \mid x, \mathrm{out}}) \neq 0$ 这一推论的寓意。按第 2 章机器学习有关样本外误差分解的原理 (2.2.3)，上述推论意味着判定偏误 $\epsilon_{\mathrm{app} \mid \mathrm{OLS}} \neq 0$，而基于模型 (5.1.3) 的偏误却有 $\epsilon_{\mathrm{app} \mid \mathrm{IV}} = 0$。这显然是个超强的推论。现有的大量应用研究结果都表明，模型 (5.1.1) 的样本内误差均方值通常要小于模型 (5.1.3)

的相应值。用第 2 章的记法即通常有 $E_{\text{in}|\text{OLS}} < E_{\text{in}|\text{IV}}$。由于模型 (5.1.3) 使用了工具变量，因此它比模型 (5.1.1) 的复杂度要高。按泛化界限原理 (2.2.2)，若有 $E_{\text{in}|\text{OLS}} < E_{\text{in}|\text{IV}}$ 就不可能有 $E_{\text{out}|\text{OLS}} > E_{\text{out}|\text{IV}}$。这说明，大量应用研究结果其实都验证了 (5.1.3) 是泛化力低于 (5.1.1) 的模型，即前者优于后者的推论缺乏数据信息支持。

必须看到，原始推论内生有偏性所用的静态联立模型 (4.1.1) 是统计上无法操作的。凡统计上可操作的模型必须是变量关系非对称的条件模型[3]，这一点在第 3 章业已阐述过了。而且，由于纯静态联立模型遗漏了变量中最起码的动态特征，因此早已被动态模型取代。而当动态模型足以反映现实数据中的动态特征时，由联立设定所致的内生有偏性便会降低到可忽略不计的程度。这一结论的正式表述是 Wold 多年前所推证的"近似定理"（proximity theorem）（Wold and Juréen，1953，第 37—38 页）。定理中采用残差分布满足白噪声来表述模型足以反映数据中的动态特征这一条件。这一目前鲜为人知的定理，其实凝聚了机器学习建模思想的精髓。定理中对残差分布的假设意味着，由逻辑演绎推出的模型正确与否不是先验可定的，必须有后验数据的佐证。而且，残差的统计特征应首先被用来评判模型的优劣，而不是估计方法的优劣。值得注意的是，在 Cox 的书中（Cox，2006，附录 B），类似的先决条件被用作描述模型一致性的准则。机器学习中有关模型一致性与可学性的讨论，则可见 Shalev-Shwartz and Ben-David（2014，第 7.4 节），以及前面第 2 章中的简述。对模型做一致性的评判，实质上是强调了一个基本逻辑排序：在考虑参数的估计方法是否最优（包括是否与模型设定一致）的问题之前，必须首先具备已被验证是具有泛化力的模型。

采用机器学习原理中对残差的划分视角来剖析内生有偏性推论

中认知混淆的本质,使我们进一步看到将误差项 ε_{in} 和 ε_{out} 从本质上来区分对待的重要性。具体地,ε_{in} 是在给定数据样本后由模型生成的,除了所设模型,其"未知"的随机统计特性还取决于所选的估计方法。因此,ε_{in} 属于"**已知的未知量**"(known unknowns)。相比之下,在开放世界的场景下,ε_{out} 则是"**未知的未知量**"(unknown unknowns)。即使有了数据样本,并且所选模型是综括先验知识和后验数据信息的有效模型,我们也无法对 ε_{out} 的统计特性做出确定无疑的预判。正因如此,机器学习才把 E_{out} 的不确定性作为考察模型泛化性能的重心。这从第 2.2 节简述的 PAC 可学性,以及将现有数据划分为训练样本和测试样本、用后者模拟分析 ε_{out} 的各种交叉测试技术都能体会到。不幸的是,以经典统计学为基础的经济计量学没有区分这两种误差,因此不倡导做训练样本和测试样本的划分试验。而能够彻底暴露工具变量法之伪一致性的有效途径,正是基于上述划分的交叉测试结果,亦即模型预测检验结果。早在 VAR 动态模型崛起之前,宏观计量模型研究中的大量反复模型预测检验结果就已表明,采用 IV 估计法的联立模型的预测检验结果要明显劣于采用 OLS 估计法的结果。[4] 就基于横截面数据样本的模型而言,Young(2022)及 van Huellen and Qin(2019)采用交叉验证手段来考察 IV 统计量的"样本外"渐近收敛性,所得结果都是对先验断言的 IV 一致性的证伪。他们的试验表明,模型(5.1.3)的样本外渐近收敛性普遍要比(5.1.1)差得多,即(5.1.1)的泛化性能比(5.1.3)高。这意味着,x 通常要比 x^V 更具备做条件自变量的资格。内生有偏性不过是基于既先验构述不足又得不到后验测试验证的模型的臆断,**绝不该**被用作修改经济学家根据先验知识提出的因果假说中的自变量定义的理由。

例2

在给定模型中,据由时序数据后验得出 $\widehat{\varepsilon}_{i\text{n}}$ 的自相关对 OLS 欠有效性的诊断

教科书对上述欠有效性的诊治策略是将估计得出的 $\widehat{\varepsilon}_{i\text{n}}$ 自相关系数作为权数,形成 GLS 来取代 OLS。以最简单的二元静态模型误差项一阶自相关为例:

$$y_t = \beta x_t + \varepsilon_t, \quad \varepsilon_t = \rho\varepsilon_{t-1} + v_t \quad (5.1.4)$$

β 的 GLS 估计的一般式可记为:$\widehat{\beta}^{\Omega} = (X'\Omega(\rho)^{-1}X)^{-1}X'\Omega(\rho)^{-1}Y$,其中的 $\Omega(\rho)$ 表示基于 ρ 的加权矩阵。[5] 不难推导,GLS 相对于 OLS 的有效性改善,其实源于 GLS 对 (5.1.4) 中静态式部分的隐性动态扩展。不过,该隐性扩展是附带严格参数约束的。由 (5.1.4) 可推出 $\varepsilon_t = y_t - \beta x_t$,将其代入静态式便可得出:

$$(y_t - \rho y_{t-1}) = \beta(x_t - \rho x_{t-1}) + v_t \quad (5.1.5)$$

也就是说,ρ 的作用是对两个变量的动态形式隐性施加了一个共享特征约束,因此通称 (5.1.5) 为"共因子"模型。[6] 对 (5.1.5) 做参数变换,把它转换为一个误差修正模型:

$$\Delta y_t = \beta\Delta x_t + (\rho - 1)(y - \beta x)_{t-1} + v_t \quad (5.1.6)$$

我们就可发现,共因子的约束相当于约束 x_t 对于 y_t 的长期和短期效应是大小相同的。大量应用动态建模研究的结果表明,这样强的一个约束通常与经济时序变量间的动态特征不吻合。这些动态特征往往需要采用更具一般性的动态模型来刻画。这也是第 3 章所述的 VAR 模型类在宏观经济学中兴起的一个重要因素。

VAR 模型类在宏观应用研究中的普及充分表明,后验观测到的残差项自相关现象实为模型动态设定不足所致。这种不足也属于一种遗漏变量有偏问题,被遗漏的是与现期变量相关的滞后或延迟变

量，反映着时序变量的动态惯性，因此对于我们测度变量间长期均衡关系起着举足轻重的作用。而仅凭先验数学推导是无法准确得出与数据相吻合的动态模型的，这一点在前面章节已经讨论过了。不幸的是，从采用 GLS 估计法处理 (5.1.4) 的视角出发，就会引致把残差项解释为对先验模型的动态冲击扰动变量的认知。这种认知把先验描述不足的模型经后验样本得出的 $\widehat{\varepsilon}_{in}$ 自相关症状泛化演绎为 ε_{out} 的广义属性，并把 ε_{out} 视作一个动态扰动潜变量引入联立模型，作为解释目标变量的基础动态源，如见第 3.3 节所述的 DSGE 模型例子。这一认知陷阱再次暴露了将验证性统计学直接套用在处理实证经济学研究问题上的方法论弊端。

上述两例的讨论充分表明，由模型残差项诊断出来的非统计最优症状，其实反映着先验模型构述本身的缺陷。这时，在原模型基础上采用改变估计方法来诊治这些症状，其实是一种隐性改变原模型构述的方法。由于这种改变通常涉及所关注参数，这就引发了有关结构参数的多重定义问题。[7] 这种以改变估计量为核心的策略不仅会造成学界就模型解释问题争论不休，还很可能会导致模型泛化功能的退化。走出上述困境的唯一可行途径是，正视先验模型普遍存在的构述不足问题，遵循 PAC 可学性原理，系统解决由残差项显露出来的建模问题。

5.2 以模型选择为职能的估计法

就选择泛化性能相对最优的模型学习任务而言，估计的职责首先是如何尽可能有效地协助该学习任务，而不是如何对单个参数做最优估计推断。模型学习任务的基本目标是结构风险最小化。按机器学习的分类，实证经济学研究的问题大都可被归为有监督的学习问题，其基本行为规则可用线性模型类中的凸函数形式来构述，通过对某个线性预测模型的二次损失函数求最小化来实现。如前所述，最小二乘法是实现该最小化的基本法则。[8]再次强调，这里采用的最小二乘法是以判别式建模任务为出发点的。因此，我们应该从最优控制算法的视角来认识和评判该估计法，而不是从统计推断的尺度来认识或评判它。换句话说，统计推断不仅不是评判最小二乘法的唯一尺度，也不是针对模型学习任务来评判最小二乘法的适当尺度。认清由于不同职能引致的不同评判标准，对于我们正确理解在建模过程中由最小二乘法引发的估计方法扩展尤为重要。下面我们就从两方面细述这一点：一方面是对传统估计量与检验工具的结合使用，另一方面是对传统估计量的数学扩展。

在执行模型选择任务的算法中，估计步骤通常是与其他检验及评判步骤结合并且迭代使用的。其大致流程是：针对一个初选的模型类，采用以样本内二次损失函数的最小化为目标的估计法进行拟合，然后为了筛选模型而对估计结果做评判。评判中最为关键的基本准则是估计样本外的误差最小化。第 2 章业已阐明，该准则体现了回归模型的 VC 泛化界限。将多变量的回归模型 h 记为：

$$h: y = X_d \beta + \varepsilon \tag{5.2.1}$$

其中的 d 表示变量集 X 的维度。模型 h 的 VC 泛化界限可由下式表示[9]：

$$E[\varepsilon^2]_{out}(h) = E[\varepsilon^2]_{in}(h) + O\left(\frac{d}{N}\right) \tag{5.2.2}$$

式中的 $E[\varepsilon^2]_{out}(h)$ 和 $E[\varepsilon^2]_{in}(h)$ 分别表示估计样本外和样本内的均方误差，末项 $O(\cdot)$ 则表示该项的绝对值在数量级上渐近小于包含 $\frac{d}{N}$ 的某乘数，该比率中的 N 表示样本量。不难看出，对泛化误差

$[E[\varepsilon^2]_{\text{out}}(h) - E[\varepsilon^2]_{\text{in}}(h)]$ 的最小化目标而言，比率 $\dfrac{d}{N}$ 起着关键作用。例如，对于一组 $E[\varepsilon^2]_{\text{in}}(h)$ 相同的模型来说，其中哪个模型的 $\dfrac{d}{N}$ 越小，它的泛化误差也就越小。可见，上述泛化界限其实是对尽量寻求简洁模型的传统做法的抽象概括。回顾第 4 章提及的 AIC 及 BIC 等信息准则，这些统计准则都是通过与 $\dfrac{d}{N}$ 比率相关的量来"惩罚"模型的复杂程度的。上述泛化界限也从理论上表明了，为什么各种信息准则通常是探索式建模者过滤评判模型估计结果的首选。在多变量模型选择的实践中，采用信息准则控制模型规模，大致等同于应用研究中尽量删除系数估值不显著的输入变量的做法。

在数学表达上，我们也可以把上述的模型规模过滤评判步骤与估计法合二为一。基本的思路是，把寻求泛化误差最小化的目标作为一条附加约束条件，把估计量包括进来，亦即将 $E[\varepsilon^2]_{\text{in}}(h)$ 最小化原则约束于 $E[\varepsilon^2]_{\text{out}}(h)$ 最小化的条件之下，生成一个扩展的估计量。此举的数学术语是对损失函数最小化的"正则化"，或正则化的损失函数最小化（regularised loss minimisation，RLM）。现将在回归模型 h 的情形下，以其损失函数最小化为目标的 OLS 记为：

$$\hat{\beta}_{\text{OLS}} = \operatorname{argmin}\{\|y - X\beta\|^2\} = (X'X)^{-1}X'y \quad (5.2.3)$$

其中的 $\operatorname{argmin}\{\cdot\}$ 表示 β 是由二次范数 $\|y - X\beta\|^2$ 的最小化求解得出的。该二阶范数即 h 的二次损失函数，也是模型的残差平方和。显然，(5.2.3) 仅以 $E[\varepsilon^2]_{\text{in}}(h)$ 为最小化目标。为了将 $E[\varepsilon^2]_{\text{out}}(h)$ 最小化的目标也考虑进来，我们可以在 $\operatorname{argmin}\{\cdot\}$ 中加一个二次项，作为对 β 做正则化的过滤：

$$\hat{\beta}_{\text{RLS}} = \operatorname{argmin}\{\|y - X\beta\|^2 + \lambda\|\beta\|^2\} = (X'X + \lambda D)^{-1}X'y$$

$$(5.2.4)$$

上式中的 λ 为一个调节参数，有 $\lambda > 0$；D 为对角阵。从比较 (5.2.3) 与 (5.2.4) 的视角看，我们可把 $\hat{\beta}_{\text{OLS}}$ 视为 $\lambda = 0$ 时 $\hat{\beta}_{\text{RLS}}$ 的特例。统计学中，通常将遵循 (5.2.4) 中优化原则得出的估计法称为岭估计（ridge estimation）。让我们来考察上式 argmin{·} 中的两个二次范数。第一个范数代表估计偏误，第二个范数代表估计方差。从统计学习理论中所强调的偏误-方差权衡关系的视角看，$E[\varepsilon^2]_{\text{out}}(h)$ 的最小化目标，可由调节参数 λ 从而调节偏误与方差权衡关系来实现。具体做法是不断调节 λ 来减小 $\lambda\|\beta\|^2$，直到其下降至已经不能抵消偏误项的相应增大为止。通过权衡偏误与方差两项来尽量减小 $E[\varepsilon^2]_{\text{out}}(h)$，实质上就是通过尽量控制并缩小模型规模来优化模型选择。我们可以从比较两个规模不同的模型来明晰这一点。设有两个主体部分为 $y = X_p\beta$ 和 $y = X_d\beta$ 的模型，其中 $p > d$。显然，$\sum_{i=1}^{p}\beta_i^2 > \sum_{i=1}^{d}\beta_i^2$。在其他条件不变的前提下，$\lambda\|\beta\|^2$ 对于规模相对大的模型的正则化约束就相对更强，即使表面看来该项对模型规模没有做明确的削减。正因如此，通过调节 λ 来控制模型规模的方法被称为软截止阈值法（soft cut-off threshold），而把前述根据一定的信息准则来选定模型规模 d 的方法称为硬截止阈值法（hard cut-off threshold）。

如果我们把 (5.2.4) 中正则化一项的范数设定改为绝对值函数，通过正则化寻求 $E[\varepsilon^2]_{\text{out}}(h)$ 的最小化与控制模型规模之间的密切关系就更为直接明了了：

$$\hat{\beta}_{\text{lasso}} = \text{argmin}\{\|y - X\beta\|^2 + \lambda\sum|\beta_i|\}$$

或在 $\sum|\beta_i| \leq d_c$ 条件下求 $\min_{\beta}\{\text{RSS}\}$ \quad (5.2.5)

式中的 RSS 表示残差平方和。由 (5.2.5) 得出的估计法被通称为套索（lasso）回归。由于 $\lambda\sum|\beta_i|$ 等价于设定一个阈值约束

$\sum |\beta_i| \le d_c$，我们就可把前述根据信息准则来选定模型维度的硬截止阈值法视为套索回归的一个特例，如选定 d_c 为排除所有统计不显著参数估值的截止阈值。显然，d_c 的选值越大，模型过拟合的风险就会越大；而 d_c 的选值越小，模型欠拟合的风险就会越大。可见，通过套索回归实现正则化，只不过是从数学形式上，把前述样本内估计后利用信息准则对模型做过滤评判的步骤并入了估计公式罢了。[10]

在上述估计式中，我们对参数 λ 或者 d_c 的校准选择是利用正则化成功选取最优模型的关键。校准参数的目的是，通过平衡尽量降低经验风险和模型复杂度两个目标，来找到既不过拟合又不欠拟合的模型。而这一平衡选择的前提是对数据样本做训练样本与测试样本的划分。也就是说，校准参数隐含着交叉验证的步骤。因此，RLM 是与第 2 章所述的结构风险最小化原则相一致的。第 2 章已经提过，寻求偏误－方差关系之最优权衡点其实是等价于寻求拟合－稳定性关系之最优权衡点的。相应地，校准参数选择成功的一个关键条件是模型在估计样本外的稳定性。[11]

无论是对传统估计量与检验方法的结合使用，还是对传统估计量的数学扩展，以模型学习为目标的估计功能都远远超出了验证性统计推断的框架。若将这种以模型泛化或预测能力为主旨的估计路径与为枚举类研究课题目标服务的传统估计路径混为一谈，就犯了严重的认知错误。这里特别需要重申的是，基于 RLM 的估计量只是从数学上对模型选择过程中必须综合考虑 E_in 与 E_out 这一基本条件的高度精练的表达形式。因此，我们**切不可**用评判传统最优估计量的通用标准来评判包含正则化原则的估计量。[12]

上述对 RLM 法则的诠释也有助于我们进一步认识伦敦政治经济学院派所推崇的简洁包容原则。[13]在第 3 章描述的基于多变量误差修正模型所得出的长期关系参数估值的成功案例,便是简洁包容原则的一个最好佐证。不难看到,简洁包容原则其实就是通过寻求拟合-稳定性关系之最优权衡点来选择模型的。虽然简洁包容原则未曾明确提及统计学习建模的概念,但它对模型选择需要包容和超越现有对立模型的要求本身就体现着统计学习建模的主旨。在寻求简洁包容模型的过程中,估计与检验工具交叉并用。为了描述这一并用特征,Trivedi(1984)构撰了一个合并词——"检验估计"(testimation)。鉴于"检验估计"强调了估计法在模型选择过程中的辅助功能,我们也许应该把基于 RLM 法则的估计量,如 $\hat{\beta}_{RLS}$ 及 $\hat{\beta}_{lasso}$,统称为"检验估计",这样更为贴切。

5.3 模型选择之后的估计推断

一旦模型学习阶段结束,有了与数据吻合的简洁的模型,模型内参数的最优估计推断问题便被提上议事日程了。本节将这个问题分为两个方面来讨论:对学习所选模型的再参数化,以及参数化后做估计推断所需注意和考虑的问题。

对于第一个方面的讨论,这里沿用第 2 章的(2.1.1)与(2.1.2)所勾画的场景,即先验理论假说模型要比后验模型更简单的情形。第 3 章业已提及,由于被关注的经济变量大都是流量型或存量型变量,先验理论所构述的它们之间的因果关系又通常是某种局部均衡关系,因此模型中的有关参数一般缺乏从数据变动中独立可分离的性质。在经济计量学中,若纯以(2.1.1)作为考察场景,上述现象一般被描述为 x_i 之间的多重共线问题。而若从(2.1.1)出发,将它与(2.1.2)做比较,上述现象又被称为 x_i 相对于 z_i 的遗漏变量有偏问题。鉴于模型学习的结果一般克服了遗漏变量有偏问题,所选模型属于类似(2.1.2)的情形。于是,最大限度地克服模型中的共线性问题,便是对所选模型做再参数化的主要缘由。第3.3节中由 ARDL 模型类向 ECM 的再参数化例子便是使用时序数据进行模型学习的一个最好范例。一旦从 ARDL 学习约化到模型的具体动态形式,我们就能通过向 ECM 的再参数化尽量减小 ARDL 模型中由动态特征引致的变量间共线性。有必要重申,当理论因果关系包含多个输入变量时,即由 ECM 再参数化得出的长期项内含有多个 x_i 时,参数间的显著共线性通常就是无法避免的了。这时需要采用对长期参数的校准试验来完成对 ECM 的估计,以得到更适合经济解释的模型参数。这也是校准试验法在 DSGE 模型研究中占据重要位置的一个原因。第3.3节还指出,针对横截面数据的模型学习任务更为复杂,因此更有必要借助机器学习的各种手段和分析思路。在机器学习中,有关模型参数学习的研究讨论被归入"特征设计"和"特征表示学习"的范畴。值得提及的是,哈维尔莫在第2章专节讨论的"自律性"概念终于在有关特征表示学习过程中得到了可实验操作的具体表达。显然,专业知识是完成特征学习所必不可少的要素。由于经济计量模型参数学习需要综合考虑经济学与统计学两方面的要求和标准,因此这一任务应该是建模研究中最具挑战性的一环了,只有应用经济学家才可能胜任。任务的完成往往需要经济学家对算法不断进行调整和多次的迭代试验,反复判别和比较不同的再参数化形式,从中选出最能如实准确地将先验知识转化为实验可测的模型。可见,特征学习其实是应用经济学家建模研究任务的重心。

在完成了再参数化或者特征学习之后,对于那些不受共线性严重困扰的参数来说,我们就能考虑参数的最优估计问题了。由于可能从残差项显露出来的诸多问题都在模型选择过程中被排除和解决了,这就大大减少了目前教科书中所列举的那些可能影响参数最优估计的因素，使许多有关估计量选择问题的讨论失去了必要性。对于构述充分的回归模型来说，最小二乘估计是等价于极大似然估计的。极大似然估计原则是从无分布假设的数据学习过渡到以分布假设为前提的经典统计推断的关键连接点。[14]

实践中引起争议的一个主要问题是，经典统计学中的置信区间估计法是否能适用于经后验选择的模型，或者说，由经典统计学选择控制第一类错误的 p 值得出的置信区间对于选择后的模型是否仍保持其渐近一致性。争议的实质是质疑测度参数估值不确定性之概率空间的定界。追根求源，与争议密切相关的是在机器学习崛起之前，学界中长期存在着的对于探索性数据挖掘研究可靠度的怀疑和偏见。这些怀疑和偏见牵扯到一个在数据挖掘中忌讳且易犯的错误：双重浸渍（double-dipping），即不恰当地重复使用数据证据、夸大估计结果成效的错误。由于模型选择过程已经参考使用了参数估值的信息，那么在选定模型后，若仍使用传统的参数估值置信区间，显然是对数据证据的重复使用。为了防范双重浸渍，数据挖掘研究者大都采用未被"浸渍"的样本来计算参数估值的置信区间。这种做法的基准其实就是交叉验证法所基于的数据分割原则。[15] 必须看到，按机器学习原理进行的模型选择已用了基于数据分割的交叉验证法。在许多数据量有限的情形下，为了统计推断而留用足够的未被"浸渍"的子样本经常是难以实现的。不过在开放世界的场景下，单凭先验演绎推导的模型一般是不具数据相合性的。与这些模型相比，根据 PAC 可学性原理、通过交叉验证学习来的泛化性能相对最优的模型，应当是最为接近经典统计推断所要求的模型条件的，即模型中待检验推断的原假设应是常态下最可能被验证的假设。鉴于此，所选模型也就应该相对最满足传统置信区间应用的前提条件。[16] 这时，即使将已被模型选择过程"浸渍"的样本用作参数估值的做法犯了双重浸渍的错误,与那些未经模型选择筛选的欠拟合或过拟合模型得出的参数估值相比,来自选择后模型的参数估值置信区间仍要更可靠一些。这一逻辑推理恰恰相悖于所谓的夸大效应之论点。

无需讳言,PAC 可学性理论明确包含了学习之不确定性因素。因此,是否应该将该因素也明确引入选择后模型的参数推断阶段,便成为统计学和机器学习领域仍商榷不休的一个议题。对于选择后模型直接使用传统的置信区间,这种做法相当于忽略了可学性理论中的不确定性因素,并假定选择后的模型是具有确定性等价的模型。如要避免这一假定,我们似乎就应在对被选模型做推断时把模型选择的不确定性也考虑进来,即扩展测度参数估值之不确定程度的概率空间。所谓"选择推断技术"就是沿此思路发展起来的。[17] 选择推断技术的核心是增加传统的置信区间算法中的成分。具体地,令 β_j 表示某先验已知模型 h_p 的关注参数,其预期的显著性水平为 α。传统的置信区间则为:

$$P(\beta_j \in \mathrm{CI}_j(\alpha)) = P(\beta_j \in \mathrm{CI}_j(\alpha) \mid j \in h_p) \geq 1 - \alpha \tag{5.3.1}$$

仍记选择后的模型为 h_D。由于选择 h_D 的不确定性与模型规模密切相关,因此在计算选择推断的置信区间时,可引入(5.2.2)中反映模型规模的参数 d 来显示上述不确定性:

$$P(\beta_j \in \mathrm{CI}_{j \cdot h_p}(\alpha) \mid j \in h_D) \geq 1 - \alpha \tag{5.3.2}$$

上式的基本思路来自多变量模型中,以联立推断为目标的单个参数估值置信区间。[18] 联立推断法的最初来源是 Scheffé 置信区间,该区间是为了将模型中其他相关变量的不确定性也考虑进来而设计的,其显著性水平来自 F 分布,而不是 t 分布。依联立推断法计算的置信区间一般宽于传统的置信区间。这是因为前者的概率空间设定与后者不同，亦即两者所测度的不确定性之范围不同。不过需要明确，Scheffé 置信区间并不是针对模型选择而设计的。

那么，我们是否该用 (5.3.2) 而不是 (5.3.1) 来计算选模后参数估计的置信区间呢？为了回答这一问题，我们必须首先澄清 (5.3.2) 与 (5.3.1) 是否具有可比性的问题。比较两式便可看到，导致 $|\text{CI}_{j \cdot h_p}| > |\text{CI}_j|$ 的原因是我们对 h_p 和 h_D 两个模型之泛化确定性的不同划界。(5.3.1) 是以 h_p 之总体泛化性确定无疑作为假定前提的，因此在 CI_j 中没有考虑 h_p 的不确定性。而正是由于 (5.3.2) 的 $\text{CI}_{j \cdot h_p}$ 中考虑了 h_D 的不确定性，由此计算的置信区间才出现了相对更宽的结果。显然，假定 h_p 之总体泛化性确定无疑的前提条件在现实中是不成立的。因此，以模型相对于数据样本的独立性（即数据是否被"浸渍"）为理由，对于未经后验选择的模型采用 (5.3.1) 计算参数估值的置信区间，而对于经后验选择的模型采用 (5.3.2) 计算参数估值的置信区间，再通过比较这两种置信区间来评价选后模型之可靠性程度，其实是不合理的。

现实中大量不容置疑的实证表明，据 PAC 可学性原理由机器学习得到的模型要明显优于单靠先验数学演绎推导来的模型。这一事实与 $|\text{CI}_{j \cdot h_p}| > |\text{CI}_j|$ 的明显相悖再次警示我们，将在理论贫乏场景下假说验证的任务简单置于经典统计估计检验框架之内是个严重的认知失误。前面的章节业已阐明，针对非试验可控的开放世界中的实证建模研究课题而言，所涉的不确定性已大大超出了经典统计学的范围。从常识性先验假说出发到统计学习得出的 h_D，需要使用多重最优控制标准和一系列的计算数学和统计学工具。从模型学习过程中得到的间接验证数据，都是后续得出的参数估值置信区间的必要铺垫。因此建模者在讨论验证理论的真实证据时，应当将得到该区间的必要前提数据实证明确且如实地包括进来。一味谋求用一个类似选择推断的置信区间这样相对复杂的统计量来囊括建模过程中

所有不确定性的思路，不仅会给应用者准确理解和解释这种统计量带来困难，还容易掩盖经典统计学框架的适用局限性。毕竟，理论贫乏场景下的实证理论的大致泛化性能及适用范围，远不是单个参数估值置信区间所能概括表现出来的。

从认识论的角度看，PAC 可学性理论中代表模型泛化功能不确定性的概率参数，只是为表示数据学习空间是不可完全封闭的一个抽象概念，是对我们认知局限以及认知不完全性的一个公认形式。因此，这一概念的应用场景属于解析类而不属于枚举类范畴。任何试图通过某种与模型规模有关的参数来具体测度这种不确定性的做法，都会陷入不容忽略的测度误差的困扰。为了获得统计上可计算的描述某研究对象不确定性的概率测度，我们必须首先具有一个可以明确定义和测度该不确定性的概率闭空间，这一闭空间必须是确定已知的。这一前提要求显然与探索性统计学习的主旨相悖，在模型学习情形下难以实现。众所周知，定义在不同闭空间上的概率测度是不具可比性的，但是现实中不乏犯这类比较错误的例子。还需看到，定义的概率闭空间的维度越大，不但数学推导中基于该空间的概率分布形式以及相继可用的最优统计量之复杂程度会越高，而且对这些统计量的应用结果做出明确无误的解释也就越为困难，造成认知误解的风险就越高。统计学界有关选择性推断技术的研究与争论，让我们再次领悟了概率测度的应用局限性。[19]

注释

[1] 有必要指出，将 *IV* 估计量描述为因果链式法则，即将 2*SLS* 表示为 $V \rightarrow x \rightarrow y$ 的形式，是逻辑有误的。关于 *IV* 估计和内生有偏性更详细的讨论可见 *Qin*（2015，2019）。

[2] *Wold* 是最早指出内生有偏性的本质不是估计问题而是因果模型构

述问题的学者之一,如见 *Wold*(1954,1956)。他还对纯靠演绎推理建模的认知路径的不足之处提出疑问,如见 *Strotz and Wold*(1960)。在微观经济计量学中,对 *IV* 路径改变变量含义的一个最明显认同的例子,便是在项目评价模型中将表示"平均处理效应"的参数重新解释为"局部平均处理效应"的做法,如见 *Angrist* et al.(1996)。这里,"局部"一词显然是对先验定义的理论关系之普遍存在的重大解释变更。

[3] 在经济计量学的正规化过程中,评价联立模型是否具备统计上可操作性的条件被统称为"识别条件"。值得注意的是,"识别"这一用词含有通过数据试验辨别模型是否符合现实的内涵,而经济计量学中的识别条件却与该内涵毫无关系,有关讨论可参见秦朵(1989)。

[4] 详述可见 *Qin*(2013a,第 1 章)。

[5] 这种估计方法最初是由 *Orcutt*(1948)提出的。鉴于一阶残差项自回归的估计法源于 *Cochrane and Orcutt*(1949)一文,教科书中通常把该方法称为 *Cochrane-Orcutt* 估计步骤。*Malinvaud*(1966)是将该步骤推广介绍为一般的 *GLS* 估计量的早期教科书。

[6] 详述可见 *Hendry*(1995,第 7 章)或韩德瑞和秦朵(1998,第 7 章)。

[7] 详述可见 *Qin*(2013a,第 7 章)。

[8] 对于采用对数函数形式的离散选择模型而言,相应的损失函数最小化问题是与似然函数的最大化等价的。从决策理论出发,该最大化问题也可以从求解凸优化问题导出,无须任何统计分布前提假设,如参见 *Abu-Mostafa* et al.(2012,第 3 章)及 *Shalev-Shwartz and Ben-David*(2014,第 9 章)。

[9] 有关 *VC* 泛化界限的具体讨论,可参见 *Abu-Mostafa* et al.(2012,第 3 章)、*Hastie* et al.(2009,第 7.9 节)以及 *Shalev-Shwartz and Ben-David*(2014,第 11 章)。

[10] 机器学习教科书大都对正则化有详细讲解,如见 *Abu-Mostafa* et

al.（2012，第 4 章）、*James* et al.（2013，第 6 章）以及 *Efron and Hastie*（2016，第 7 章和第 16 章）。值得提及的是，*Efron and Hastie*（2016）一书是从 *James-Stein* 定理的角度来描述岭回归的。而该定理是在不含任何分布假定前提的决策论基础上，证明岭回归要优于 *ML* 估计量的。

［11］详述可见 *Mukherjee* et al.（2006）以及 *Shalev-Shwartz and Ben-David*（2014，第 13 章）。

［12］有关这种认知错误的一个明显例子是用评判传统估计量无偏性的标准来评判 $\hat{\beta}_{RLS}$。显然，当（5.2.3）中的估计量满足无偏性时，（5.2.4）中的估计量必然有偏，因此后者不是传统意义上的最优估计法。这种评判理念应当是岭估计法一直不受主流经济计量学界青睐的一个重要原因。

［13］详述可见 *Hendry*（1995，第 14 章）、韩德瑞和秦朵（1998，第 14 章）。

［14］详述可见 *Shalev-Shwartz and Ben-David*（2014，第 24 章）。

［15］统计学界通常把 *Cox*（1975）作为数据分割原则的最初来源。至于数据挖掘研究，主流经济计量学界是长期持怀疑和抵制态度的，可参见 *Qin*（2013a，第 9.4 节）。

［16］*Zhao* et al.（2021）通过数学公理形式表达了这一论点。

［17］详述可见 *Taylor and Tibshirani*（2015）及 *Efron and Hastie*（2016，第 20 章）。

［18］有关联立推断的具体讨论，可参见 *Berk* et al.（2013）以及 *Efron and Hastie*（2016，第 20 章）。

［19］有关基于概率测度的统计量的应用局限性和复杂性的讨论，还可参见 *Holmes*（2018）。该文中简述了一个爱因斯坦的故事，以阐明概率这一测度概念之相对性。一次，爱因斯坦问他的学生："生命有限而时间无限。从无限的时间看，我今天活着的概率为零。可是我今天还活着。这该如何解释呢？"学生们都无语。停顿片刻，爱因斯坦说："一旦有了事实，我们就不该再提概率了。"

第 6 章
CHAPTER 6

预测的认知问题

哈维尔莫的第 6 章 "预测问题" 是他书中最短的一章。值得一提的是，他这本书的初稿是以"论测度经济关系的理论"（On the Theory and Measurement of Economic Relations）为题、在哈佛大学以油印版形式于 1941 年印发的。在这个版本中并没有这章。这说明，预测问题在哈维尔莫对概率论方法大纲展开构思的过程中无足轻重。[1]

哈维尔莫第 6 章的关注点是预测与待验证模型的估计之间的关联问题。为了表述预测的不确定性，哈维尔莫介绍了 Wald 的决策预测函数及损失函数，从而引入了将概率作为测度预测决策风险的理念。在"预测问题的广义形式化"（第 22 节）中，哈维尔莫阐明，取概率作为预测区间的阈值，这一决策其实是与估计方法的选择密切关联的。因此，将估计与预测两个步骤分开处理的做法必然会造成模型有效性的损失。不过他还指出，虽然从决策风险角度表述预测问题的原理简单,但是要将原理付诸实践却非易事,这"一般要涉及不少数学问题及大量代数运算"(原书第111页)。的确如哈维尔莫所料,在后续经济计量学的形成过程中,基本未涉及模型估计与预测的统筹决策问题,他这一章的内容也已被主流经济计量学所遗忘。

了解了机器学习方法就不难发现,哈维尔莫对估计和预测问题需要统筹考虑的思路,其实就涵盖在模型偏误-方差权衡的原理中,并体现在模型学习选择的训练与测试环节的结合使用上。而且,PAC可学性理论正是建立在以概率作为决策风险测度的理念之上的。以泛化性为尺标的模型预测功能,在机器学习中起着毋庸置疑的中枢作用。相比之下,经济计量学界对模型预测功能却认识混淆、观点不一。本章的主旨便是澄清经济计量学界对预测的认知失误所在,阐明经济计量学应全盘接受以预测作为建模学习研究先决标准的必要性。

从方法论上寻根,经济计量学中的预测问题之争,主要是以对模型的预测与因果解释功能的二分法为基础的。本章将在第6.1节简要回顾经济计量学的形成史,着重考察经济预测对学科发展的驱动作用。从历史的回顾中不难发现,那些强调经济计量学之研究主旨是因果解释的观点,大都聚集在宏观模型对经济危机的预测出现明显失误之后,因而可以认为是一种无奈的托词。经济计量学研究潮流的此消彼长——从分析时序数据的宏观经济课题涌至以分析横截面数据为主的微观经济课题——显然是一种规避预测失误难题的集体反映。由于微观计量模型研究没有交叉测试模型泛化性的传统,这里便成了学界回避预测挑战的安全港。

必须看到,经济计量学与机器学习对预测这一概念内涵的理解存在明显差异。经济计量学中的预测,一般被理解为对模型被解释变量亦即目标变量的预测。机器学习中的预测内涵更为广义、透彻和精辟，它主要集中在对模型的预测功能亦即泛化性的要求上。由于经济计量学是以先验理论模型的正确无疑这一假定前提为起点的，这使得先验模型的泛化性被广泛视为模型与生俱来的属性，因此不属于预测的内涵。一旦经济计量学界公开放弃上述假定前提，承认模型学习的必要性，学界就必须接受机器学习理念中的预测内涵。在这一内涵下，预测与因果解释是模型选择所必须达到的两个相辅相成的标准，两者之间根本不存在互不相容的对立关系。

第6.2节进一步分析预测与因果解释这两个标准在建模学习过程中的差异以及相辅相成之处。面对先验理论模型已不能被简单地等同于正确的因果模型这一事实，经济计量学界必须对什么才算是经济理论模型的问题重做思考和定义。我们必须认清，模型学习给经济学家提供了突破主流均衡理论的束缚、开辟和发展复杂理论的机遇。一旦预测功能亦即泛化性成为计量研究的首要标准，建模者就能依据其所面临的现实问题来设计模型学习任务，使学习得来的模型中的因果解释特征成为有的放矢的健全理论。这意味着，即使对于那些以验证理论假说为主旨的课题来说，模型学习也是完成研究任务的必经之路，其中一个必经环节是对模型泛化性能的测试，以确保表示理论假说的模型是经过打底和强健化过程的可应用模型。基于经典统计学的经济计量学是不含系统测试模型泛化性这一环节的。因此，彻底改变和扩展学科对预测概念内涵的理解，将泛化性设为首要建模标准，是全面改革经济计量学研究的关键。

从数学角度看，兼顾预测与因果解释功能的一般模型构述，属于一个多种约束条件下的复杂优化与权衡决策问题。显然，概率这时的功能是辅助建模所需的各种决策。这就进一步加强了前面章节关于概率论实用功能的结论。接受基于泛化性的PAC可学性建模的理念和方法，就必须对经济计量学的概率方法基础做一个全面的认知转变。

6.1 艰难曲折的模型预测历程

经济预测是经济计量学兴起的最初和最主要的动源。在 20 世纪初学科形成前，由 Persons 研发的哈佛商业前导指数、由 Mitchell 主导的美国国家经济研究局（NBER）对于商业周期的研究项目，以及美国农业经济学家对预测农产品期货价格的模型研究，都是这一动源普遍为人所知的例子。[2] 这些例子的研究目的都是对总体不具确定性的未来做出某种条件预测，以降低人们对未来市场预期中的不确定程度。

1929 年的美国经济大萧条，以及政府为稳定经济急需拟订出台干预市场的政策，都极大激励了经济学家对商业周期的研究热情。正是在这种背景下，弗里希发表了他构述商业周期的宏观动态理论模型（Frisch，1933a）；丁伯根始创了美国宏观经济计量模型（Tinbergen，1939）。他们的创新性研究为处于发展初期的经济计量学奠定了基石。在《经济计量学刊》（*Econometrica*）的创刊中，首任主编弗里希把经济计量模型比作连接理论和数据的桥梁，并且明确将经济理论作为模型构述的必备前提（Frisch，1933b）。弗里希的理念成为后续经济计量学正规化、学科化的基本指南。从学科构建的角度出发，物理学是经济计量学的楷模。由理论必是对经济内在机制的刻画而推理，理论模型便理所当然地被统称为"结构"模型，而数据分析则被视为对理论模型的经验验证，类比于物理学中实验对理论的验证情形。哈维尔莫的《经济计量学的概率论方法》便是在这一背景下诞生的。美国考尔斯经济研究会对经济计量学正规化做出了集中贡献,其最为重要的第 10 部专著 *Statistical Inference in Dynamic Economic Models*(Koopmans,1950),又是对哈维尔莫概率论大纲的集中的技术传承。在上述两部著作中,联立模型都被设为计量模型的最基础通用形式。另外,经正规化了的经济计量学明确将协助政策分析的任务作为学科的研究主旨。相应地,提供经济预测则成为模型研究的必备副产品。[3]

在以 Koopmans(1950)为建模技术指南的第一代宏观应用模型研究中,模型预测精度是评价模型功能的首要标准。建模者在模型研发过程中很快发现,即使模型是严格按正规化的经济计量学技术步骤研发的,其预测精度也极可能很差。为了提高预测精度,建模者需要依数据信息实情对模型的构述做后验修正。这表明,后验的模型选择是应用建模之必经步骤。而且,以提高预测精度来评判,在模型选择过程中适当考虑动态特征,往往要比使用具有联立一致性的估计法更为有效。[4]在由 1973 年石油危机引发的全球性经济危机面前,第一代宏观应用模型普遍受到预测严重失误的重创。在后继引发的宏观经济计量学改革和宏观经济学的理性预期革命中,动态特征终于成为系统建模的关注重心。首先引领宏观经济计量学改革的有伦敦政治经济学院派强调的动态建模路径;而 VAR 模型在当今宏观经济学中的广泛应用,则是理性预期革命的成果。与以关注联立特征为主的第一代宏观模型相比,以动态特征为重心的宏观模型明显提高了预测精度。自 20 世纪 80 年代中期以来,越来越多的国家的政府机构、央行及国际组织都开始研发和使用宏观动态计量模型,把它们作为监测短期经济走向以及制定和调整对应政策的协助工具。[5]

不幸的是,在 2008 年美国金融危机引发的全球性经济大萧条面前,宏观计量模型再次普遍遭遇预警失败。这一挫败使得侧重短期预测的宏观模型研究陷入低谷。经济计量应用模型研究出现了明显转向以理论解释为重心的倾向。这一点从 DSGE 模型在宏观研究中的走红可见一斑。依主流学界通用的结构模型分类理念，DSGE 模型研究遵循的才是正宗的结构模型法。VAR 模型不是结构模型，而属于"约化型"模型；按伦敦政治经济学院派的动态建模路径研发的模型只能算半结构模型。与此同时，宏观应用研究的感召力，在整体上已显著被微观应用研究的兴起和盛行所压抑。

微观经济计量学的正规化发展历程要明显晚于宏观经济计量学。因此，微观经济计量学的正规化忠实沿用了考尔斯经济研究会的技术范式框架。这最突出地反映在微观计量研究关注的重心上。具体地，研究的起点是基于局部均衡理论先验推理得来的结构模型，研究的核心是给定"真实值的估计"，估计结果被普遍作为理论验证的经验实据。在哈维尔莫和考尔斯经济研究会的影响下，内生有偏性成为微观经济计量学研究中备受关注的问题。这里，最具权威性和影响力的范例有：针对限值因变量模型中参数选择有偏性的推论，Heckman（1976，1979）沿工具变量法思路提出的一致估计矫正法，以及 Angrist *et al.*（1996）为避免项目评价模型中参数内生有偏性而提出的局部平均处理效应法。由于微观计量学主要是围绕横截面数据样本分析而发展起来的，模型在样本外的预测功能被普遍视为一个毫不相干的话题。许多研究课题设定的实用对象，都是反事实情形下的政策分析。因此微观计量应用研究基本从未受到模型预测功能不佳的诘责。虽然在应用研究过程中，对模型中控制变量的后验选择步骤处处可见，但是由于选择的目的只是确保对关注参数的一致估计，而不是模型预测功能，因此欠拟合模型的结果比比皆是。随着微观统计数据的快速增加和用户易学的专业软件的普及，经济计量学进入了微观应用研究的蓬勃增长期，其增长势头在宏观计量模型研究经历了2008年美国金融危机的挫折之后尤为显著。[6]在近期盛行的微观计量研究中，最流行的课题当属使用项目评价模型的课题。反思起来，这一课题中估计和检验的假说相对简单，而且所涉数据往往主要是第一手数据，因此是最接近经典统计学框架所针对的研究对象的。然而，项目评价模型所涉及的领域与哈维尔莫专著的初衷相比，即经济学家如何利用被动观测到的大量非试验数据来分析现实经济问题，明显是大大缩窄了。[7]学界对项目评价模型的热衷，也隐含了一种对计量建模研究面临的现实困难的逃避倾向。正是由于微观应用模型研究普遍欠缺评价模型预测功能的尺度，发表的模型缺乏经验泛化功能、p值操纵之风盛行的结果才比比皆是。

在应用计量模型研究中，视理论解释为核心的观念是与哲学方法论学界对社会科学研究的主要目标之争密切联系的。而这些争论都是基于将解释和预测视为两个对立互斥的目标的二维视角。在近期的微观经济计量研究中，就广泛流传着研究的主旨是解释因果关系而不是预测的信条。这一信条还被用于解释经济计量学与机器学习方法的本质差异。[8]不幸的是，该信条的信奉者有着明显的选择有偏性。一方面，他们选择忽略了对机器学习理论真谛的了解，特别是忽略了机器学习中的预测包含了对模型泛化功能的测试部分这一点。由于经济计量学教科书一般以先验理论模型的因果关系构述的正确无疑作为假定前提，这使得微观计量学界普遍将理论关系之普遍性视为与模型共生的先验属性，无须经后验测试验证。另一方面，他们选择忽略了近百年的宏观计量预测模型研究的实践历程。这种忽略意味着对该研究方向可行性的全盘否认。的确，早在20世纪初，Morgenstern（1928）就从方法论角度提出了经济周期不可预测的论点。[9]但这并没有阻挡后来以经济预测为主动源的宏观计量模型研究的崛起和发展。追根求源，在涉入上述的方法论之争以前，我们首先应该弄清两个根本问题：第一，在什么场景下，将解释和预测分立为两个对立互斥的目标是合理的？第二，经济计量学的研究范畴是否落入该场景？

对这两个问题的一个现成答案，就在第 4 章提到的 Deming (1975) 对社会科学研究课题的两分法中。显而易见，在处理枚举类问题的场景下，上述的对立二维分类是大致合理的。这是因为，先验推导的理论假说在常态下正确无疑，是统计分析枚举类问题的前提条件。但是在处理解析类问题的场景下，这一前提就不再成立了。鉴于经济计量学面临的问题大都超出简单的枚举类问题范畴，因此上述对立二维分类是不适用的。这也说明了为什么即使哈维尔莫和考尔斯经济研究会都将正规化了的经济计量学定位在结构模型法之上，他们也没有把预测功能视为一个与因果结构建模对立的目标。要有效处理复杂的解析类问题，研究者就必须把预测和解释作为两个相辅相成的建模目标。[10]

显然，继续围绕解释与预测目标进行争辩对经济计量学的发展毫无意义。计量模型的预测精度本应是不容建模者排斥的一个基本评判标准。通过反思历史，更值得我们缜密思考的是，对于宏观计量模型研究来说，目前限制预测精度提高的主要障碍何在？反复造成模型的样本外预测重大失误的主因又何在？而对于微观计量模型研究来说，广泛阻碍从大量数据中有效利用和提取丰富信息的原因何在？鉴于机器学习在越来越多的行业取得的效绩，一旦我们全盘引入机器学习的方法和理念，经济计量学是否就能系统突破上述各种瓶颈的限制？鉴于此，下一节讨论的要点是：

1. 如何从机器学习的角度，针对计量模型研究的一般任务，认清并区分模型的预测和解释目标的共性与个性以及二者相辅相成的关系？

2. 一旦依机器学习的理念，将预测作为模型学习必达的基本标准，我们该如何改变对计量模型研究模式的认知？具体地，经济计量学界该如何重新为经济理论在建模过程中的作用定位？相应地，学界又该如何重新认识概率论方法的实用功能？

6.2　预测推断与因果解释模型的可学性

鉴于应用计量的研究任务大都属于有监督的学习任务范畴，本节的讨论就以第 2 章中的式 (2.1.1) 和式 (2.1.2) 为基点。针对建模者面临的两种应用目的不同的课题，即一种以模型做预测为主，另一种则以模型做因果解释为主，我们该如何将这两类课题的不同之处及共有特征在上两式的框架内明确表述出来呢？

如第 2 章中的图 2.2 所示，有监督模型学习的基本任务是利用 $\mathcal{D}$，根据结构风险最小化的原则找到 $h_\mathcal{D} \approx f$。有监督学习模型类是预测模型的直接表示。现将预测期的新数据集记为 $\mathcal{D}_\tau$，将模型预测结果记为 $\hat{y}_{\mathcal{D}_\tau}$。模型 $h_\mathcal{D}$ 具有实验效用的一个关键前提条件是 $\mathcal{D} \sim \mathcal{D}_\tau$，即两个数据集与学习任务有关的分布特征相似。在这一前提条件下，从以模型做预测的需求出发，建模者面临两个起码的模型构述标准：

(a) $h_\mathcal{D}$ 是可以从 $\mathcal{D}$ 学习出来的，而且我们能通过外推 $h_\mathcal{D}$ 来求出 $\hat{y}_{\mathcal{D}_\tau}$；

(b) $\hat{y}_{\mathcal{D}_\tau}$ 的预测精度满足实际需求。

对于时序数据场景而言，标准 (a) 相当于要求 $h_\mathcal{D}$ 中的所有输入变量是输出变量的前导变量。标准 (b) 则要求尽量降低模型预测误差，把它们控制在实际需求的某种临界水平之下。这其实正是第二章 (2.2.1) 表述的条件。而对于以因果解释为研究主旨的课题来说，上述两个标准往往不在建模者的考虑范围之内。因果模型与预测模型最显著的区别是,课题研究的直接或核心目标不是寻求实现 ϵ_{D_τ} 极小化的 $h_D \approx f$,而是识别和测度某理论关注的输入变量 x_i 对于 y 的影响力。通常,依常规先验推导的经济理论关系虽然明确定义了 x_i 对于 y 的因果先后关系,却未从时间上明确该先后关系。由于先验理论推导的基本原则是一般均衡原则,因此该关系在理论模型中一般被设为是同步的。这使得对关注变量的联立关系假设,如 $y \leftrightarrow x_i$,成为经济计量学构述因果结构模型的关注焦点。于是,x_i 的内生性成了一个被广为关注的命题,因果模型与预测模型之间也显得无可交融。在这种情形下,以因果解释为研究主旨的建模者对其科研任务的理解是,对先验给定的模型中变量 x_i 所对应的参数 κ_i 做出一致性估计,以求获得参数估值统计显著且值域易被解释的结果。由于通常有 $\hat{y} \mid h_p(x_i) \ll \hat{y} \mid h_D$,即模型残差的容量往往要比按结构风险最小化或经验风险最小化原则学习来的模型残差大许多,致使模型明显无法满足预测 $\hat{y}_{D_\tau}$ 的精度需求。于是,这种科研规范就进一步强化了计量模型研究的实质是因果解释而不是预测的信念。

然而,因果模型与预测模型的上述差距是建筑在先验理论模型准确无误的假定前提之上的。机器学习不承认这一假定前提,其预测概念的内涵更为广义。如第 2 章所述,对于有监督的学习任务而言,学习追求的不仅是模型中目标变量 y 的经验风险最小化,而且还包括模型 h_D 必备的不变性,亦即依结构风险最小化测度模型的泛化性。如式 (2.2.2) 和式 (2.2.3) 所示,泛化性是由比较 E_{out} 与 E_{in} 之间的关系来定义的,针对模拟 E_{out} 来测试模型预测功能,是验证所选模型泛化性的必备步骤。可见,一旦经济计量学界放弃了先验理论模型准确无误这一不切实际的假定前提,前述有关因果模型与预测模型的分立差异便成了一种表面上的差异。

接纳机器学习中对于预测内涵的广义视角,经济计量学界就需要对其公认的理论模型标签做根本的认知改变。鉴于 $h_p \not\approx h_D$ 的普遍存在，且 h_D 通常不仅是 h_p 的简单外延扩展，h_p 的函数表示存在偏误是常态问题，这使得据式 (2.1.1) 做的参数统计推断结果不足以成为因果解释的实证。鉴于此，学界必须摒弃单凭先验逻辑数学演绎法来赋予理论模型"结构"标签的观念。前面的章节对这一点已有所述，我们现在再从模型预测功能的角度做进一步讨论，具体就从遵循先验驱导的结构模型法的主流宏观计量模型研究入手。公认的理论是基于均衡原则的因果关系。采用静态函数表示均衡关系是经济学的传统。但静态模型在时序数据面前有明显的构设偏误，动态模型才是现今宏观计量模型的通用函数形式。必须看到，动态模型中的均衡关系表示与静态模型的表示之间有着显著差异。以第 3.3 节中的误差修正模型为例。由于式 (3.3.2) 转换了目标变量，即以 Δy_t 而不是 y_t 作为目标变量，用式 (3.3.2) 对均衡关系 $x \to y$ 进行验证就不仅需要有 κ 估值的合理解释性，而且还需要模型满足负反馈条件，即有 $\gamma < 0$ 的显著性。这意味着，直接将静态式 (3.3.3) 作为表示 $x \to y$ 的 h_p 是不足以有效估计验证出该均衡关系的。前面业已提到，按学界通用的结构模型分类理念，误差修正模型仅是半结构模型，其公认的理论成分仅为模型中内含的静态均衡解式。然而大量应用结果都表明，该静态均衡解式项的参数不变性通常较弱，极易受到特殊场景或事件冲击的扰动。相比之下，动态计量模型中反映短期动态特征的各输入项的参数不变性要明显强许多。这一结果显然是与学界通用的"结构"标签相悖的。反映均衡关系的参数之"结构"性能弱的根源是，这些关系对应着动态数据信息中极慢的统计特征。这类特征通常与众多短期或中短期冲击因素相关联。它们虽然可以在误差修正模型内用线性分立表示，但是却不能被割裂分离模型化。因此，即使研究课题的主旨是验证解释均衡关系 x

→y而不是预测y_t或者Δy_t，为了提高被验证均衡关系的"结构"性能亦即泛化性能，从而增进理论解释的置信度，依结构风险最小化原则来对所有可能的短期及中短期冲击因素做适当筛选和特征学习优化，也是实现研究任务的必经环节。可见，接纳机器学习中的预测理念，尽量减小建模中的误设风险，是改善计量因果模型研究的必由之路。[11]另外，即使由系统学习得出的误差修正模型中表示均衡关系的负反馈项$\hat{\gamma}[y-\hat{\kappa}x]_{t-1}$符合预期且具有参数稳定性，它对于$\widehat{\Delta y_t}$的解释作用或其样本外预测的贡献率仍是相当次要的。模型中的短期动态项才是解释和预测$\widehat{\Delta y_{\mathcal{D}_T}}$的主要成分。在经济学界，非主流学者把这种情形作为摒弃正统主流均衡理论、倡导研制复杂经济理论的佐证。[12]误差修正模型的例子告诉我们，研制复杂理论的可行路径只能是逻辑演绎和经验归纳学习并用的路径。具体地，常识性的经济均衡关系只是左右经济活动的一个长期驱动因素，其常态效应的测度必须与各种来自不同方向的短期冲击即非均衡因素效应的测度并行。因此据模型泛化性能标准，经后验学习打底了的误差修正模型可理论化的成分要比任何先验设定的模型都更为复杂。其实，Mitchell在近百年前就倡导了结合后验数据分析来构造经济理论的模式。他指出，通过结合统计数据分析来构述经济问题，"经济理论不仅将改变其复杂程度，而且将改变其内涵"（Mitchell，1925，第3页）。如今，机器学习的方法终于为Mitchell的这一远见提供了一条得以系统付诸实施的路径。

遵循PAC可学性来发现具有实用价值的理论关系，其重心在于特征学习。这点在第3章已有阐述。无须赘述，泛化性是特征学习的首要标准。从采用参数形式表述经济理论假说的常规预期出发，由模型学习得到的特征参数，如（2.1.2）中对应于$y|x$的β_x，一般需有三个属性：（a）理论可解释性；（b）稳定的常数性；（c）在模

型受到一定的震荡冲击干扰时的不变性。属性（a）着重强调在标准的 PAC 学习理论中融入先验知识的必要性。这里有必要指出，先验知识通常不仅限于对变量间因果关系的定位，而且还包括对因果关系的形式与强弱程度的预期。后一部分知识往往是评判模型可解释性的主要根据。在机器学习中，有关如何充分利用这部分先验知识的问题通常被归入半监督学习的范畴。[13] 后两个属性则是从两个层面上对模型泛化性的具体界定。属性（b）是测度泛化性的基础标准，也是测试样本分析环节的常规任务。属性（c）是对属性（b）的进一步强化或者约束。它的测试评估涉及对 β_x 相对于 x 的统计分布特征变动的敏感度分析，亦即对 β_x 的常数不变之韧性也就是抗扰动承受度做出预判。因此，对属性（c）的评估要比对（b）的评估更为复杂。在宏观计量模型研究中，有关超外生性的分析就是评估这一属性的现例。[14] 就基于横截面数据的模型研究而言，评估这一属性则需要把相关输入变量的统计分布特征变动作为交叉测试样本选择的条件。在机器学习中，这类评估任务通常被归入判别推断模型函数是否属于多分类的复杂结构预测问题的范畴。[15] 显然，属性（c）对于评估计量模型在开放世界场景下的适用范围尤为重要，无论建模者的主旨是预测目标变量、验证所关注的因果关系，还是为辅助政策决策做反事实方案分析。从这个角度看，以验证因果模型为主旨的研究所面临的预测能力要求标准，其实并不亚于一般预测模型研究的要求标准。

接受以模型预测能力为基点的建模理念，必将引起经济计量学科规则的根本改变，带来学科研究疆界的大大拓展。对于那些关注特定 $x_i \rightarrow y$ 关系、基于横截面样本分析的微观计量研究课题来说，如果能对 $\mathcal{D}$ 做训练子集和测试子集的分割，实现交叉检验法的普及应用，则那些仅据先验给定模型做参数估计但泛化性能极弱的结果就会被广泛肃清。由学习得来的模型对数据信息的利用程度会大大提高，模型欠拟合现象会大大减少。对于横截面样本 $\mathcal{D}$ 来说，一般不存在事后的 $\mathcal{D}_\tau$。模型的实用推断功能，通常是以某种反事实的假想 $\mathcal{D}_\tau$ 为隐含基础的。在数据样本充足的情况下，可以采纳将数据集分为 $\mathcal{D} = \mathcal{D}_{\text{train}} \cup \mathcal{D}_{\text{validation}} \cup \mathcal{D}_{\text{test}}$ 的方法，将子集 $\mathcal{D}_{\text{test}}$ 作为反事实的假想 $\mathcal{D}_\tau$ 的近似替代集。这样学习来的模型结果，其实用置信度必会增强。由于在模型学习的过程中，建模者把注意力集中在如何根据特定应用场景来充实常识性的经济学假说规则，由学习得来的模型必然会大大充实这些规则的先验构述形式，使它们更符合研究课题预期实现的目标。前面第 4.3 节中的例 1 便是一个实例。

对于宏观计量模型研究来说，需预测的主要目标变量有国民收入、进出口贸易、货币流量、通货膨胀率及失业率等宏观指标。通用的预测方法是在 $\mathcal{D} \sim \mathcal{D}_\tau$ 的前提条件下，针对所选动态模型的预期外推法。[16] 在有限数据样本下，由于预测关注的变量大都呈现出某种非平稳表征，模型的动态设定对于提高模型预测功能至关重要，这点前面业已详述。这里有必要重申的是，动态设定的重要性是与模型预测的目标及其评判标准密切相关的。教科书通用的评判标准是 $\epsilon_{\mathcal{D}_\tau} = y_{\mathcal{D}_\tau} - \hat{y}_{\mathcal{D}_\tau}$ 的最小化，且 y 是具有显著延迟特征的连续变量。对于宏观经济管理决策者和关注商业周期的经济学家来说，需要预测的不仅是某目标变量 y_t 或者 Δy_t 的取值，而且是变量的大幅拐点，特别是当拐点是由 $\mathcal{D}_\tau$ 与 $\mathcal{D}$ 之间的相似性发生断裂引起的情形。[17] 现在专门以预测变量拐点为目标的计量分析大致可分为两类：一类是描述单个随机时序的稳态转变模型，如最常用的马尔可夫稳态转变模型；另一类是基于概率单位模型、综合对多个变量的变动做常态与非常态分类的早期预警系统[18]。不过，基于这两类分析法的应用结果至今都不理想，无法和动态模型的预测实效比拟。显然，当现

实场景不满足 $\mathcal{D} \sim \mathcal{D}_\tau$ 的前提条件时，模型依外推法预测的失误是不可避免的。建模者通常将这种失误描述为由前所未有的稳态转变导致的结构断裂。然而，通过分析以往半个多世纪中发生的大小宏观经济危机的文献不难发现，经济危机的起因总是有迹可寻的，并有阅历丰富、洞察力非凡的智者在事前发出警示。也就是说，预测场景的明显变动是存在前导信息迹象的。不过这些前导信息迹象大都源于局部、微观的场景罢了。而在传统经济学主流思潮中，这类信息一直被视为不足以被广义理论化的扰动噪声。

要监测 $\mathcal{D} \sim \mathcal{D}_\tau$ 这一前提条件失灵的风险，就必须将宏观计量研究与微观计量研究有效地结合起来。然而，在如何从大量微观数据中系统、有效地提取对宏观目标变量具有预警功能的前导指数这一课题上，应用计量研究的探索一直收效甚微，这在第 4.3 节中已有所述。机器学习的视角和理念，为我们重新思考如何建模构述上述课题提供了一个新平台。这里，让我们围绕以商业周期为预测目标的建模任务来进一步探讨这一点。显然，构述商业周期的机器学习任务大大超出如式（2.1.2）所示的简单的有监督模型的范畴。大致来说，模型的构述必须含有多重的监督目标，它不仅要监督目标变量的动态走向，而且同时要对其动态走向做是否属于常态的分类判别。另外，针对经济学家对预测场景可能发生变动的关注，模型的构述还需要考虑对 $\mathcal{D}_\tau$ 相对于 $\mathcal{D}$ 的分布特征做监测的问题。这便需要监测所有输入变量的动态走向及突变的风险，对它们做分类监测。同时，为了提高对突变风险的早期预警能力，还需要对相关的微观变量做综合前导指数分析。这些学习任务其实早就包含在 NBER 的研究项目中了，只不过那时没有机器处理所需信息的技术手段。从数学角度看，构造这样一个能够系统分析多种数据信息的复杂学习过程，所需的模型训练和测试运算工具远远超出了经典统计学的范畴。这也解释了为什么在以往数十年中,经济计量学为将 NBER 的研究项目正规化而做的努力一直未见显著成效了。只有摆脱经典统计学框架的束缚,采纳 PAC 可学性理念,引入人工智能和机器学习技术,我们才有望设计和构述出能够综合利用先验知识和多种多样的数据信息的商业周期模型框架来。值得一提的是,人工智能和机器学习技术在气象预报领域的显著成果,应是激励我们改进商业周期模型研究的一个最佳范例。[19]

一旦将泛化性确立为计量模型学习的基点,我们就必须同时确立,概率的首要功能是辅助计量模型的选择决策,而不是对先验给定结构参数的统计推断,也不是对经济变量的随机生成过程的描述。第 2 章描述的 PAC 可学性定理中的 ϵ 和 δ 两个参数,便是对这一点的精辟概括。为了对模型采用的可行函数做出统计推断,需要设定与研究课题相吻合的损失函数,概率便以损失决策的阈值测度形式成为函数学习的必备工具。第 4 章中概述的各种诊断性检验,就是这一必备工具的具体体现。鉴于模型函数构述中的不确定性实为计量模型研究最为关注的不确定性(如第 1 章所述),对变量做先验闭集假设并附加概率空间设定的思路,显然不适合针对这种具有不确定性的探索性建模任务。无分布路径是后验函数学习的唯一可行路径,而概率在其中的作用只能是判别式的(如第 3 章所述)。处理函数的可学性问题,并不需要对所涉变量集做任何有关概率分布性质的设定,而且这种设定也无助于问题的处理。只有在函数学习成功之后,对模型内参数做统计估计推断的条件才可能成熟,这一点在第 5 章已有所述。

以模型作为连接经济理论和数据信息的桥梁,是经济计量学的宏志。近百年来经济计量学主要依靠经典统计学技术的探索经历足以表明,目前的概率论基础方法远不能胜任上述"建桥"重任。如今，机器学习向我们展示了一个比经典统计学更为实用可行的科研框架。鉴于此，经济计量学界目前亟须达成如下共识：构建计量模型的场景是理论贫乏、不确定性复杂的社会场景，它不属于直接支撑经典统计学的概率论方法适用的场景。建模所面临的不确定性不仅体现在相互作用的多元异质因素上，而且体现在不可忽略的未知干扰因素上。[20] 不过，存在未知干扰因素，也不能支撑未来完全不可测的极端结论。现实生活中，归纳学习一直是人脑做各种预测式决策的主要途径。机器学习只不过是将这一学习过程电脑程序化的产物。无论从理论还是从实践上，机器学习的 PAC 理论都足以表明，改变经济计量学目前的基础信仰，摆脱学科以概率论为基础的经典统计学框架的束缚，才是经济计量学成功连接理论与数据的希望所在。

注释

[1] 这里，我要感谢 Olav Bjerkholt 送给了我一本哈维尔莫的《论测度经济关系的理论》油印版。从历史角度看，在考尔斯经济研究会的团队为撰写其第 10 部专著而做研究的过程中，激发他们研究热情的很有可能是哈维尔莫作品的油印版，而不是他 1944 年出版的专著版本。

[2] 有关这些经济计量学形成前的早期史料，可参见 Samuelson (1987)、Fox (1989)、Morgan (1990)、Hendry and Morgan (1995) 以及 Qin (2013b，第 I 卷)。

[3] 有关这段历史更为详细的分析讨论，可参见 Qin (1993) 以及 Louçã (2007)。

[4] 有关这段历史更为详细的论述，可见 Qin (2013a，第 1 章)。在经济计量学正规化之后，最早的应用模型是 Klein 引领构建的。有关从预测精度视角评价模型的例子可见 Christ (1952) 对 Klein 模型 III 的讨论。鉴

于 Klein 模型对于 20 世纪 60 年代至 70 年代宏观计量模型在世界范围内的推广起着至关重要的影响，如见 Bodkin et al.（1991），这里引用 Klein and Goldberger（1964）专著中的一句原文："对于任何理论的最严厉检验莫过于其预测能力。"（第 72 页）

［5］有关实例可见 Fagan and Morgan（2005）。

［6］有必要一提的是，由 2008 年美国金融危机引发的宏观计量模型研究挫败，并没有影响宏观模型在学术界外的常规使用，如见 ECB（2021）对宏观模型在欧盟国家的使用现状的综述和评判。但值得注意的是，在宏观政策制定和调整的决策过程中，决策者其实对模型预测的不确定性心知肚明，因此通常将模型预测与专家预测结合起来作为参考。

［7］有必要补充的是，在项目评价模型研究中，存在着不少有关由非试验数据引致的各种复杂问题的讨论。项目评价模型的研究方法手段也因此而不断发展扩充，摆脱单一寻求给定参数一致估计量目标的束缚，具体可参见 Cameron and Trivedi（2005，第 25 章）的综述。

［8］详述可见 Imbens and Athey（2021）。

［9］在 Qin（2013b，第 I 卷）中有对 Morgenstern 部分专著的英文译文；在 Hendry and Morgan（1995，Introduction）一书中，有对 Morgenstern 的专著对早期经济计量学研究之影响的讨论。

［10］这一点其实在 Zellner（1979）论经济计量学的因果性长文中已经详尽阐述过了。从科学哲学认知角度对这两个目标的区别及两者相辅相成关系的讨论综述，则可参见 Hitchcock and Sober（2004）。

［11］有关宏观计量模型预测中常见误设问题的综述，可参见 Hendry（1997）及 Clements and Hendry（2008）。值得一提的是，上述论著中讨论的大多数预测问题的缘由，都可被归于在计量建模过程中缺少系统测试模型泛化性能这一环节。

［12］详述可见 Helbing and Kirman（2013）。

［13］详述可见 Balcan and Blum（2006）。其实，对于如何根据参数估

计需求来构述这种先验知识的问题，在经济计量学教科书中早有讨论，如见 Judge et al. (1980，第3章)。

［14］有关超外生性研究的简介，可参见 Qin (2013a，第4章)。

［15］详述可见 Shalev-Shwartz and Ben-David (2014，第17章)。

［16］详述可见 Granger and Newbold (1977，第4章)。

［17］详述可见 Osborn et al. (2003)。

［18］有关早期预警系统研究的综述，可见 Berg et al. (2005)。当模型预测对象是连续变量时，通用的标准是由基于连续凸函数的二次损失函数推导得出的预测均方误差；而当预测对象是拐点时，预测损失的测度是间断的 0-1 测度，致使通用的二次损失函数不再适用。为测度这类分类性失误问题，需要采用替代损失函数，如分段的合页损失函数来处理，如见 Shalev-Shwartz and Ben-David (2014，第12章)。另外，前导变量信息对于非常态显著拐点的预测起着至关重要的作用，这种信息往往是不太可能由通用的向量自回归模型中的滞后变量涵盖的。因此，早期预警系统研究与前导变量综合指数的构建问题密切相关。

［19］有关有效结合宏观和微观气象数据的数值天气预报的研究成果综述，可参见 Bauer et al. (2015)；有关机器学习和人工智能对气象学近期研究影响的综述，可参见 Balaji (2021)、Dewitte et al. (2021)。有关气象预报模型研究对早期经济计量学中时序数据研究的影响，则可参见 Morgan (1990)。

［20］有关未知干扰因素在人的决策行为中所起作用的分析，可参见 Kahneman et al. (2021)。书中的第11和12章集中探讨了客观干扰因素与人的无知之间的关系，以及人的无知与因果推理行为间的关系。

结束语
CONCLUSIONS

哈维尔莫在他的"结论"中重申了概率论方法的必要基础性。他坚信，系统采用统计学构述的经济分析，必将显著提高分析精度，其收益要远远大于分析数据所需的大规模工作量的成本，因此，对经济数据做基于概率论的正规化分析，必将比那些未经正规化的分析更为"实用""可靠"并且"规范"（1944，第114页）。

如今，经济计量学的**规范度**已堪称经济学的专业典范，计量学数理分析的严谨**可靠度**也不容非议。但是，应用计量模型在经济实践中的**实用性**却实在无法与前两个尺度媲美。八十年的实践结果表明，自哈维尔莫概率论方法大纲发展起来的经济计量学，的确是对正规分析数据的相对优越性的佐证。但这一佐证并不够充分。近几十年来，电脑与计算技术的飞跃发展，早已大大缩减了哈维尔莫时代分析数据所需的工作量，使这一成本因素不足为虑。这也是计量分析在现今经济学中盛行的一个主因。可惜的是，分析结果的实用性并未得以相应提升，理论与数据间的鸿沟仍处处可见。从哈维尔莫和美国考尔斯经济研究会起，经济计量学者就一直在为如何采用统计数学工具来填补理论与数据间的缺口问题做孜孜不倦的努力。然而，无论他们独创的计量工具如何新颖精妙，都难以填平理论衔接数据之桥上屡屡出现的缺漏。现实面前，我们无法拒绝如下推论：作为一个身处电脑史前期、未满30岁且实践经验不足的学者[1]，哈维尔莫对概率论方法的认知，难免充满了乌托邦式的想象。鉴于统计学是当时系统分析统计试验数据的唯一数学分支这一史实，他的雄辩才足以感召一批年轻学者将发展经济计量学科作为己任。美国考尔斯经济研究会专著系列第10部的作者们，也几乎都是实践经验匮乏的年轻数理学家。这便决定了经济计量学自形成以来，就被限定在一个着重依赖数理演绎模式的发展路径上了。

那么，在机器学习已明显超越经典统计学、成为诸多领域中数据分析的主导数学工具的今天，经济计量学界为什么却一直未出现方法论的集体反思呢？Kahneman描述的"理论引起的盲从"，是对此疑问的一个恰当解释。Kahneman在研究考察人的决策行为心理时领悟到，"一旦你接受了一种理论，并用该理论的思维方式作为你分析问题的工具，那么你就很难注意到理论中的瑕疵"（2011，第277页）。现在来看看经济计量学中的理论盲从。由于长期以来**实用性**难以实现并且测度评判实用性相对复杂，**规范**和严谨**可靠度**早已成为学界内通用的评判研究成果的首要和直接尺度。这主要表现在：理论计量研究享有明显高于应用计量研究的声望，以学者的统计数学功底为核心标准的等级化制度，是学界的体系构成基础。[2] 如果持同样的评判尺度来看机器学习，就极易得出以下结论：从教科书角度看，经济计量学的数学工具的构造水平是超越于机器学习的，因此后者可取的只是一些处理大量数据的便利算法而已。由半个多世纪积累的精确数学推理构建的经济计量学大厦，其复杂程度足以严实遮盖其地基深处的瑕疵。

笔者步入经济计量学领域是从考察经济计量学史开始的。在牛津大学读研时,哈维尔莫的专著给我的激励至今记忆犹新。史学研究让我有幸了解到不少开拓者的独到贡献。他们的学风成为我后续在应用计量模型研究和教学中的榜样。数十年的工作经历使我深深体会到了谋求实用性的难度。无论所选研究课题的现实意义多么重要,可用的经济计量学工具是经过多么规范和精准的数学推导得到的,依学科榜样精心设计的课题构述和模型试验过程又是多么严格周到,最终结果的实用性仍然是那么有限。而且,现有经济计量学工具对于应用课题研究中诸多问题的适用性也往往是那么有限。数年前出于对机器学习的好奇,我拜读了 Breiman(2001)对统计学与机器学习在模型研究上两种文化的比较分析,这便将我引上比较计量学与机器学习的文化差异之旅。

本书记录了这一探究的结果。重读哈维尔莫的专著,我的感受与数十年前大相径庭。从不断产生的始料未及的领悟中,我发现自己原来也一直处在"理论引起的盲从"的状态中。在写第 1 章时,对不确定性的思考使我认识到,经济变量与随机变量其实是不具等价性的,经济计量学所关注的不确定性因素极其有限,主要是在建模中的不确定性因素上。在第 2、3 章的构思过程中,我不断认清概率论方法对于处理建模中不确定性的局限性,理解了为什么机器学习走的是无分布的判别式建模之路。我还意识到,对于常识性的经济学先验推理知识来说,人工智能的逻辑语言形式应当比经济学通用的数学演绎推导理论模型的范式更为精准,更利于研究者准确汇总先验知识、组织设计对数据信息归纳综合和特征提取的算法,通过学习找出对于具体经济议题切实有效的计量模型。在第 4 章的构思中,我领会到经济学通常所预期的理论验证与统计检验概念之间的差异是如何显著,前者其实是无法单靠后者来实现的。在这章的修改过程中我又悟到,经济计量学检验的所有对象都只是统计数据的某种表征，而不是经济学关注的本质问题，因此检验结果无法被直接用作对于这些问题的诊断。[3] 正是由于经济计量学界缺少这些共识，对前定理论模型的参数做统计推断和最优估计的任务占据了学科研发的主位。在构思第 5 章的过程中我又悟到，用于模型选择的正则化估计量是不能与经典统计学中的估计量简单相提并论的，因为前者择优的关键场景是测试样本，而后者的关键场景则是训练样本。第 6 章对预测概念的反思让我发现，经济计量学界与机器学习对预测概念内涵的理解原来有着如此之大的差异，也更深刻体会到模型预测或泛化能力对于处理建模中的不确定性、系统提高模型研究效率及实用性具有多么关键的作用。回想起来，若没有机器学习的视角，我是无法获得上述启迪的。而且，如何阐明并揭示这些学界普遍视若无睹的认知缺陷根源的任务，其困难程度也远远超出了我的预期。

最后我想申明的是，本书中批判性分析的对象纯属学术范围内的认知理念。科学哲学史早已向我们明示，基础理论的更替和研究方向的转移是所有学科发展的必经之路。哈维尔莫专著中主要立论的过时是符合自然规律的，并不与他对学科的贡献相悖。这里就以他专著的最后一段话来收尾吧："在其他数量学科中，即使是十分专业化的领域，对'规律法则'的发掘活动已从个体性研究转移到巨大的科学实验室中。参与的专家有数十名，他们不但做实际测量，而且周密精细地推导出待验证的公式、制定出待进行的关键性试验计划。如果经济政策将以经济研究的结果为基础，而经济政策可能决定上亿元的国民收入与上百万人的综合经济福利，那么我们对经济研究的要求难道该比上述其他领域的更低吗？"（1944，第 114—115 页）如今的机器学习，不正是哈维尔莫所说的"其他数量学科"的一个极好案例吗?

注释

[1] 哈维尔莫生于 1911 年 12 月,他的专著(油印版)发行于 1941 年。有关历史详情可参见 Bjerkhold (2014)。

[2] 有关这种等级化体制的一个经典、幽默的描述,可见 Leijonhufvud (1973);有关评判这种体制过度崇拜数学演绎、本末倒置的认知弊端,可参见 Frisch (1970)、Leontief (1971) 以及 Senn (1998)。

[3] 引发这一点的是自行测试新冠病毒的核酸检验。从核酸检验联想经济计量学中的各种检验方法我才意识到,核酸检验这么简单的测试手段能确诊病症的关键是,它检验的对象就是一个单一病原体的病毒本征,而不是体温、心率、血压等这类与疾病间接有关的统计数据表征。

哈维尔莫,1994,《经济计量学的概率论方法》,秦朵译,商务印书馆。

韩德瑞,秦朵,1998,《动态经济计量学》,上海人民出版社。

秦朵,1989,经济计量学识别理论形成史,《经济研究》,4:50–59。

秦朵,刘一萌,2015,横截面数据变量的规模特征:特征价格建模分析,《统计研究》,32(2):97–103。

秦朵,卢珊,王惠文,Sophie van Huellen,王庆超,2021,经济开放与货币需求:国际金融风险及持币成本的测度,《金融研究》,495(9):30–50。

Abu-Mostafa, Y. S., M. Magdon-Ismail and H.-T. Lin. 2012. *Learning from Data*, AMLbook.

Angrist, J. D., G. W. Imbens and D. B. Rubin. 1996. Identification of causal effects using instrumental variables, *Journal of the American Statistical Association*, 91 (434): 444–455.

Arlot, S. and A. Celisse. 2010. A survey of cross-validation procedures for model selection, *Statistics Survey*, 4: 40–79.

Athey, S. and G. W. Imbens. 2019. Machine learning methods that economists should know about, *Annual Review of Economics*, 11 (1): 685–725.

Bajari, P., D. Nekipelov, S. P. Ryan and M.-Y. Yang. 2015. Machine learning methods for demand estimation, *American Economic Review*, 105 (5): 481 –485.

Balaji, V. 2021. Climbing down Charney's ladder: Machine learning and the post-Dennard era of computational climate science, *Philosophical Transactions of The Royal Society A: Mathematical Physical and Engineering Sciences*, 379 (2194): 20200085.

Balcan, M. -F. and A. Blum. 2006. An augmented PAC model for semi-supervised learning, in O. Chapelle *et al.* eds. , *Semi-Supervised Learning*, MIT Press, Chapter 22, pp. 397 –420.

Balduzzi, D. 2014. Falsifiable implies learnable, *arXiv preprint arXiv*: 1408.6618.

Bauer, P. , A. Thorpe and G. Brunet. 2015. The quiet revolution of numerical weather prediction, *Nature*, 525: 47 –55.

Bateman, B. W. 1990. Keynes, induction, and econometrics, *History of Political Economy*, 22 (2): 359 –379.

Berg, A. , E. Borensztein and C. Pattillo. 2005. Assessing early warning systems: How have they worked in practice? *IMF Staff Paper*, 52 (3): 462 –502.

Berk, R. , L. Brown, A. Buja, K. Zhang and L. Zhao. 2013. Valid post-selection inference, *Annals of Statistics*, 41 (2): 802 –837.

Berndt, E. R. 1991. *The Practice of Econometrics: Classic and Contemporary*, Addison Wesley.

Bjerkhold, O. 2014. Trygve Haavelmo at the Cowles Commission, *Econometric Theory*, 31: 1 –84.

Bjerkhold, O. and D. Qin eds. 2011. *A Dynamic Approach to Economic Theory: Lectures by Ragnar Frisch at Yale University*, Routledge.

Bottou, L. 2014. From machine learning to machine reasoning, *Machine Learning*, 94: 133 –149.

Bodkin, R. G. , L. R. Klein and K. Marwah. 1991. *A History of Macroeconometric Model-Building*, Edward Elgar Publishing Co.

Bradley, R. and M. Drechsler. 2014. Types of uncertainty, *Erkenntnis*, 79 (6): 1225–1248.

Breiman, L. 2001. Statistical modeling: The two cultures (with comments and a rejoinder by the author), *Statistical Science*, 16 (3): 199–231.

Brodeur, A., M. Lé, M. Sangnier and Y. Zylberberg. 2016. Star wars: The empirics strike back, *American Economic Journal: Applied Economics*, 8 (1): 1–32.

Brodeur, A., N. Cook and A. Heyes. 2020. Methods matter: p-hacking and publication bias in causal analysis in economics, *American Economic Review*, 110 (11): 3634–3660.

Cameron, A. C. and P. K. Trivedi. 2005. *Microeconometrics: Methods and Applications*, Cambridge University Press.

Canova, F. 2009. How much structure in empirical models? in T. Mills and K. Patterson eds., *Palgrave Handbook of Econometrics, Volume II: Applied Econometrics*, Palgrave Macmillan, pp. 68–97.

Carpenter, J. and M. Kenward. 2013. *Multiple Imputation and Its Application*, John Wiley & Sons.

Carpenter, J. and M. Smug. 2021. Missing data: A statistical framework for practice, *Biometrical Journal*, 63: 915–947.

Chapelle, O., B. Scholkopf and A. Zien eds. 2006. *Semi-Supervised Learning*, MIT Press.

Charpentier, A., E. Flachaire and A. Ly. 2018. Econometrics and machine learning, *Economie et Statistique*, Institut National de la Statistique et des Études Économiques (INSEE), 505–506: 147–169.

Christ, C. F. 1952. A test of an econometric model for the United States, 1921—1947, *Cowles Commission Papers*, new series No. 49.

Christiano, L. J., M. S. Eichenbaum and M. Trabandt. 2018. On DSGE models,

Journal of Economic Perspectives, 32 (3): 113 – 140.

Clements, M. P. and D. F. Hendry. 2008. Economic forecasting in a changing world, *Capitalism and Society*, 3: 1 – 18.

Cochrane, D. and G. Orcutt. 1949. Application of least squares regression to relationships containing autocorrelated error terms, *Journal of American Statistical Association*, 44: 32 – 61.

Costa, P. , A. -L. Jousselme, K. Laskey, E. Blasch, V. Dragos, et al. 2018. URREF: Uncertainty representation and reasoning evaluation framework for information fusion, *Journal of Advances in Information Fusion*, ISIF, 13 (2): 137 – 157.

Cox, D. 1961. Tests of separate families of hypothesis, *Proceedings of the Fourth Berkeley Symposium on Mathematical Statistics and Probability*, 1: 105 – 123.

Cox, D. 1962. Further results on tests of separate families of hypotheses, *Journal of Royal Statistical Society*, B24: 406 – 424.

Cox, D. 1975. A note on data-splitting for the evaluation of significance levels, *Biometrika*, 62 (2): 441 – 444.

Cox, D. 1992. Causality: Some statistical aspects, *Journal of the Royal Statistical Society, Series A (Statistics in Society)*, 155 (2): 291 – 301.

Cox, D. 2006. *Principles of Statistical Inference*, Cambridge University Press.

Davidson, P. 1991. Is probability theory relevant for uncertainty? A post Keynesian perspective, *Journal of Economic Perspectives*, 5 (1): 129 – 143.

Davis, R. , H. Shrobe and P. Szolovits. 1993. What is a knowledge representation? *AI Magazine*, 14 (1): 17 – 33.

Dawid, A. P. and A. Tewari. 2020. On learnability under general stochastic processes, *arXiv preprint arXiv*: 2005. 07605.

Deaton, A. and N. Cartwright. 2018. Understanding and misunderstanding randomized controlled trials, *Social Science and Medicine*, 210: 2 – 21.

Deming, W. E. 1975. On probability as a basis for action, *The American Statistician*, 29 (4): 146 – 152.

Dewitte, S., J. P. Cornelis, R. Müller and A. Munteanu. 2021. Artificial intelligence revolutionises weather forecast, climate monitoring and decadal prediction, *Remote Sensing*, 13 (16): 3209.

Ding, J., V. Tarokh and Y. -H. Yang. 2018. Model selection techniques: An overview, *IEEE Signal Processing Magazine*, 35 (6): 16 – 34.

Doyle, J. 1992. Rationality and its roles in reasoning, *Computational Intelligence*, 8 (2): 376 – 409.

Dubois, D. and H. Prade. 2009. Formal representation of uncertainty, in D. Dubois, M. Pirlot and H. Prade eds., *Decision-Making Process-Concepts and Methods*, ISTE and Wiley, pp. 85 – 156.

Dziak, J. J., D. L. Coffman, S. T. Lanza, R. -Z. Li and L. S. Jermiin. 2020. Sensitivity and specificity of information criteria, *Briefings in Bioinformatics*, 21 (2): 553 – 565.

ECB. 2021. Review of macroeconomic modelling in the Eurosystem: Current practices and scope for improvement, *Occasional Paper Series*, No. 267.

Efron, B. 2011. The future of statistics, in M. Lovric ed., *International Encyclopedia of Statistical Science*, Springer, pp. VII – X.

Efron, B. and T. Hastie. 2016. *Computer Age Statistical Inference: Algorithms, Evidence and Data Science*, Cambridge University Press.

Eichenbaum, M. 1995. Some comments on the role of econometrics in economic theory, *The Economic Journal*, 105 (433): 1609 – 1621.

Engle, R. F. and C. W. J. Granger. 1987. Co-integration and error correction: Representation, estimation and testing, *Econometrica*, 55: 251 – 276.

Fagan, G. and J. Morgan. 2005. *Econometric Models of the Euro-area Central Banks*, Edward Elgar.

Fernández-Villaverde, J. F. , J. Rubio-Ramírez and F. Schorfheide. 2016. Solution and estimation methods for DSGE models, in J. B. Taylor and H. Uhlig eds. , *Handbook of Macroeconomics* Vol. 2, Elsevier, pp. 527 – 724.

Fox, K. A. 1989. Agricultural Economists in the Econometric Revolution: Institutional Background, Literature and Leading Figures, *Oxford Economic Papers*, 41: 53 – 70; retitled as Some contributions of US agricultural economists and their close associates to statistics and econometrics, 1917 – 33, in N. de Marchi and C. Gilbert eds. , *History and Methodology of Econometrics*, Oxford University Press, pp. 53 – 70.

Friedman, J. H. 1994. An overview of computational learning and function approximation, in V. Cherkassy, J. H. Friedman, H. Wechsler eds. , *From Statistics to Neural Networks: Theory and Pattern Recognition Applications*, NATO/ASI Workshop, Springer-Verlag, pp. 1 – 55.

Friedman, J. H. 1997. Data mining and statistics: What's the connection?, Keynote Address in *Proceedings of the 29th Symposium on the Interface Between Computer Science and Statistics*.

Frisch, R. 1933a. Propagation problems and impulse problems in dynamic economics, in K. Koch ed. , *Economic Essays in Honour of Gustav Cassel*, Allen and Unwin, pp. 171 – 205.

Frisch, R. 1933b. Editorial, *Econometrica*, 1: 1 – 4.

Frisch, R. 1970. Econometrics in the world of today, in W. A. Eltis, M. F. -G. Scott and J. N. Wolfe eds. , *Induction, Growth and Trade: Essays in Honour of Sir Roy Harrod*, Oxford University Press, pp. 153 – 166.

Gammerman, A. , V. Vovk and V. Vapnik. 1998. Learning by transduction, *Proceedings of the Fourteenth Conference on Uncertainty in Artificial Intelligence*, pp. 148 – 155.

Gilbert, C. L. 1986. Professor Hendry's econometric methodology, *Oxford Bulletin of Economics and Statistics*, 48: 283 – 307.

Gilboa, I. , A. Postlewaite, L. Samuelson and D. Schmeidler. 2014. Economic models as analogies, *The Economic Journal*, 124 (578): F513 – F533.

Goodfellow, I. , Y. Bengio and A. Courville. 2016. *Deep Learning*, MIT Press.

Granger, C. W. J. and P. Newbold. 1977. *Forecasting Economic Time Series*, Academic Press.

Griliches, Z. 1961. Hedonic price indexes for automobiles: An econometric analysis of quality change, in Price Statistics Review Committee ed. , *The Price Statistics of the Federal Government*, National Bureau of Economic Research, pp. 173 – 196; reprinted in: Qin, D. ed. (2013) *The Rise of Econometrics*, Vol. 3, Routledge, pp. 96 – 124.

Gürkaynak, R. S. , B. Kisacikoǧlu and B. Rossi. 2013. Do DSGE models forecast more accurately out-of-sample than VAR models? in T. B. Fomby, A. Murphy and L. Kilian eds. , *VAR Models in Macroeconomics-New Developments and Applications: Essays in Honor of Christopher A. Sims*, Emerald Publishing Limited, pp. 27 – 79.

Haavelmo, T. 1943. The statistical implications of a system of simultaneous equations, *Econometrica*, 11: 1 – 12.

Haavelmo, T. 1944. The Probability Approach in Econometrics, *Econometrica*, 12, supplement.

Hahn, G. and W. Meeker. 1993. Assumptions for statistical inference, *The American Statistician*, 47 (1): 1 – 11.

Hand, D. J. 1994. Deconstructing statistical questions, *Journal of the Royal Statistical Society*, Series A (*Statistics in Society*), 157 (3): 317 – 356.

Hastie, T. , R. Tibshirani and J. Friedman. 2009. *The Elements of Statistical Learning: Data Mining, Inference, and Prediction*, 2nd Edition, Springer.

Heckman, J. J. 1976. The common structure of statistical models of truncation, sample selection and limited dependent variables and a simple estimator for such models, *Annals of Economic and Social Measurement*, 5（4）: 475 – 492.

Heckman, J. J. 1979. Sample selection bias as a specification error, *Econometrica*, 47（1）: 153 – 161.

Helbing, D. and A. Kirman. 2013. Rethinking economics using complexity theory, *Real-world Economics Review*, 64: 23 – 52.

Hempel, C. G. 1965. *Aspects of Scientific Explanation and Other Essays in the Philosophy of Science Aspects of Scientific Explanation*, The Free Press.

Hendry, D. F. 1980. Econometrics: Alchemy or science? *Economica*, 47: 387 – 406.

Hendry, D. F. 1995. *Dynamic Econometrics*, Oxford University Press.

Hendry, D. F. 1997. The econometrics of macro-economic forecasting, *Economic Journal*, 107: 1330 – 1357.

Hendry, D. F. 2009. The methodology of empirical econometric modelling: Applied econometrics through the looking-glass, in K. Patterson and T. C. Mills, eds., *Palgrave Handbook of Econometrics*, Vol. 2, Palgrave Macmillan, pp. 3 – 67.

Hendry, D. F. and H-M. Krolzig. 2003. New developments in automatic general-to-specific modelling, in B. P. Stigum ed., *Econometrics and the Philosophy of Economics*, Princeton University Press, pp. 379 – 419.

Hendry, D. F. and J. A. Doornik. 2014. *Empirical Model Discovery and Theory Evaluation: Automatic Selection Methods in Econometrics*, MIT Press.

Hendry, D. F. and J. -F. Richard. 1982. On the formulation of empirical models in dynamic econometrics, *Journal of Econometrics*, 20: 3 – 33.

Hendry, D. F. and M. Morgan eds. 1995. *The Foundations of Econometric Analysis*, Cambridge University Press.

Hill, R. J. 2013. Hedonic price indexes for residential housing: A survey, evaluation and taxonomy, *Journal of Economic Survey*, 27（5）: 879 – 914.

Hirschauer, N., O. Musshoff, S. Grüner, U. Frey, I. Theesfeld and P. Wagner. 2016. Inferential misconceptions and replication crisis, *Epidemiology, Biostatistics, and Public Health*, 13 (4): e12066-1-16.

Hitchcock, C. and E. Sober. 2004. Prediction versus accommodation and the risk of overfitting, *The British Journal for the Philosophy of Science*, 55 (1): 1-34.

Holmes, S. 2018. Statistical proof? The problem of irreproducibility, *Bulletin of the American Mathematics Society*, 55 (1): 31-55.

Imbens, G. W. and S. Athey. 2021. Breiman's two cultures: A perspective from econometrics, *Observational Studies*, 7 (1): 127-133.

Iskhakov, F., J. Rust and B. Schjerning. 2020. Machine learning and structural econometrics: Contrasts and synergies, *Econometrics Journal*, 23 (3): 81-124.

James, G., D. Witten, T. Hastie and R. Tibshirani. 2013. *An Introduction to Statistical Learning*, Springer.

Jebara, T. 2004. *Machine Learning: Discriminative and Generative*, Springer.

Johansen, S. 1988. Statistical analysis and cointegrating vectors, *Journal of Economic Dynamic and Control*, 12: 231-254.

Judge, G. G., W. E. Griffiths, R. C. Hill and T. -C. Lee. 1980. *The Theory and Practice of Econometrics*, John Wiley and Sons.

Kadane, J. B. and N. A. Lazar. 2004. Methods and criteria for model selection. *Journal of the American Statistical Association*, 99: 279-290.

Kahneman, D. 2011. *Thinking, Fast and Slow*, Farrar, Straus and Giroux.

Kahneman, D., O. Sibony and C. R. Sunstein. 2021. *Noise: A Flaw in Human Judgment*, William Collins.

Kardaun, O. J. W. F., D. Salomè, W. Schaafsma, A. G. M. Steerneman, J. C. Willems and D. Cox. 2003. Reflections on fourteen cryptic issues concerning the nature of statistical inference, *International Statistical Review*, 71 (2): 277-303.

Kennedy, P. 2008. *A Guide to Econometrics*, Wiley-Blackwell.

Kerr, N. L. 1998. HARKing: Hypothesizing after the results are known, *Personality and Social Psychology Review*, 2 (3): 196 –217.

Klein, L. R. and A. S. Goldberger. 1964. *An Econometric Model of the United States 1929 – 1952*, North-Holland.

Koopmans, T. C. 1937. *Linear Regression Analysis of Economic Time Series*, Netherlands Economic Institute.

Koopmans, T. C. 1947. Measurement without theory, *The Review of Economics and Statistics*, 29 (3): 161 –172.

Koopmans, T. C. ed. 1950. *Statistical Inference in Dynamic Economic Models*, Cowles Commission Monograph 10, John Wiley.

Leijonhufvud, A. 1973. Life among the econ, *Economic Inquiry*, 11 (3): 327 – 337.

Leontief, W. 1971. Theoretical assumptions and non-observed facts, *American Economic Review*, 61: 1 –7.

Louçã, F. 2007. *The Years of High Econometrics*, Routledge.

Maddala, G. S. 1983. *Limited-Dependent and Qualitative Variables in Econometrics*, Cambridge University Press.

Mäki, U. ed. 2002. *Fact and Fiction in Economics*, Cambridge University Press.

Malinvaud, E. 1966. *Statistical Methods in Econometrics*, North-Holland.

Marcellino, M. 2006. Leading indicators, in G. Elliott, C. W. J. Granger and A. Timmermann eds., *Handbook of Economic Forecasting*, Chapter 16, Elsevier, pp. 879 –960.

Markus, K. and D. Borsboom. 2013. *Frontiers of Test Validity Theory: Measurement, Causation, and Meaning*, Routledge.

Marschak, J. 1953. Economic measurements for policy and prediction, in W. C. Wood and T. C. Koopmans eds., *Studies in Econometric Method*, Cowles Commission

Monograph 14, John Wiley, pp. 1 – 26.

Mayo, D. 2018. *Statistical Inference as Severe Testing: How to Get Beyond the Statistics Wars*, Cambridge University Press.

McCann, C. R. 1994. *Probability Foundations of Economic Theory*, Routledge.

Mill, T. C. and K. Patterson eds. 2006. *Palgrave Handbook of Econometrics*, Vol. I *Econometric Theory*, Palgrave Macmillan.

Mitchell, W. C. 1925. Quantitative analysis in economic theory, *The American Economic Review*, 15（1）: 1 – 12.

Mizon, G. E. and J. -F. Richard. 1986. The encompassing principle and its application to testing non-nested hypotheses, *Econometrica*, 54（3）: 657 – 678.

Morgan, M. S. 1990. *The History of Econometric Ideas*, Cambridge University Press.

Morgenstern, O. 1928. *Wirtschaftsprognose: Eine untersuhung ihrer Voraussetzungen und Moglichkeiten*, Verlag von Julius Springer.

Mukherjee, S. , P. Niyogi, and T. Poggio. 2006. Learning theory: Stability is sufficient for generalization and necessary and sufficient for consistency of empirical risk minimization, *Advances in Computational Mathematics*, 25（1 – 3）: 161 – 193.

Mullainathan, S. and J. Spiess. 2017. Machine learning: An applied econometric approach, *Journal of Economic Perspectives*, 31（2）: 87 – 106.

Nakamura, E. and J. Steinsson. 2018. Identification in macroeconomics, *Journal of Economic Perspectives*, 32（3）: 59 – 86.

Nickell, S. J. 1985. Error correction, partial adjustment and all that: An expository note, *Oxford Bulletin of Economics and Statistics*, 47: 119 – 130.

Orcutt, G. 1948. A study of the autoregressive nature of the time series used for Tinbergen's model of the economic system of the United States 1919 – 1932, *Journal of the Royal Statistical Society, Series B（Statistical Methodology）*,

10: 1–45.

Osborn, D. R., M. Sensier and P. W. Simpson. 2003. Forecasting and the UK business cycle, in D. F. Hendry and N. R. Ericsson eds., *Understanding Economic Forecasts*, MIT Press, Chapter 7, pp. 104–123.

Pesaran, M. H. 1987. Global and partial non-nested hypotheses and asymptotic local power, *Econometric Theory*, 3 (1): 69–97.

Poggio, T., R. Rifkin, S. Mukherjee and P. Niyogi. 2004. General conditions for predictivity in learning theory, *Nature*, 428: 419–422.

Poudyal, N. and A. Spanos. 2022. Model validation and DSGE modelling, *Econometrics*, 10 (2): 1–25.

Prosperi, M., J. Bian, I. E. Buchan, J. S. Koopman, M. Sperrin and M. Wang. 2019. Raiders of the lost HARK: A reproducible inference framework for big data science, *Palgrave Communications*, 5: No. 125.

Qin, D. 1993. *The Formation of Econometrics: A Historical Perspective*, Oxford University Press.

Qin, D. 2013a. *A History of Econometrics: The Reformation from the 1970s*, Oxford University Press.

Qin, D. ed. 2013b. *The Rise of Econometrics*, Routledge.

Qin, D. 2014. Inextricability of confluence and autonomy in econometrics, *Oeconomia*, 4 (3): 321–341.

Qin, D. 2015. Resurgence of the endogeneity-backed instrumental variable methods, *Economics: Open-Assessment E-Journal*, 9 (7): 1–35.

Qin, D. 2019. Let's take the bias out of econometrics, *Journal of Economic Methodology*, 26 (2): 81–98.

Qin, D., S. van Huellen, R. Elshafie, Y. -M. Liu and T. Moraitis. 2019. A principled approach to assessing missing-wage induced selection bias, *SOAS Economics Working Paper Series*, No. 216.

Qin, D., S. van Huellen, Q. C. Wang and T. Moraitis. 2022. Algorithmic modelling of financial conditions for macro predictive purposes: Pilot application to USA data, *Econometrics*, 10 (2), 22.

Raff, D. M. G. and M. Trajtenberg. 1996. Quality-adjusted prices for the American automobile industry: 1906–1940, in T. F. Bresnahan and R. J. Gordon eds., *The Economics of New Goods*, University of Chicago Press, pp. 71–108.

Rodrik, D. 2015. *Economics Rules: The Rights and Wrongs of The Dismal Science*, W. W. Norton & Company.

Rowley, R. and O. Hamouda. 1987. Troublesome probability and economics, *Journal of Post Keynesian Economics*, 10: 44–64.

Rubin, D. B. 1987. *Multiple Imputation for Nonresponse in Surveys*, Wiley.

Russell, S. and P. Norvig. 2016. *Artificial Intelligence: A Modern Approach*, 3rd Edition, Pearson.

Samuelson, P. A. 1987. Paradise lost and refound: The Harvard ABC barometers, *Journal of Portfolio Management*, 13 (3): 4–9.

Sargent, T. and C. A. Sims. 1977. Business cycle modeling without pretending to have too much a priori economic theory, in *New Methods in Business Cycle Research: Proceedings from a Conference*, Federal Reserve Bank of Minneapolis, pp. 45–109.

Sbordone, A., A. Tambalotti, K. Rao, and K. Walsh. 2010. Policy analysis using DSGE models: An introduction, *Economic Policy Review*, 16 (2): 23–43.

Seeger, M. 2006. A taxonomy of semi-supervised learning methods, in O. Chapelle, B. Schölkopf and A. Zien, eds., *Semi-Supervised Learning*, MIT Press, pp. 15–32.

Senn, S. 1998. Mathematics: Governess or handmaiden? *Journal of the Royal Statistical Society, Series D (The Statistician)*, 47 (2): 251–259.

Shalev-Shwartz, S. and S. Ben-David. 2014. *Understanding Machine Learning:*

From Theory to Algorithms, Cambridge University Press.

Shalev-Shwartz, S., O. Shamir, N. Srebro and K. Sridhara. 2010. Learnability, stability and uniform convergence, *Journal of Machine Learning Research*, 11: 2635 – 2670.

Sloman, S. and P. Fernbach. 2017. *The Knowledge Illusion: Why We Never Think Alone*, Riverhead Books.

Spanos, A. 2010. Theory testing in economics and the error-statistical perspective, in D. G. Mayo and A. Spanos eds., *Error and Inference: Recent Exchanges on Experimental Reasoning, Reliability and the Objectivity and Rationality of Science*, Cambridge University Press.

Spanos, A. 2018. Mis-specification testing in retrospect, *Journal of Economic Survey*, 32 (2): 541 – 577.

Stanley, T. D. 1998. Empirical economics? An econometric dilemma with only a methodological solution, *Journal of Economic Issues*, 32 (1): 191 – 218.

Stigum, B. P. 2003. *Econometrics and the Philosophy of Economics*, Princeton University Press, pp. 202 – 246.

Stock, J. H. and M. W. Watson. 1989. New indexes of coincident and leading economic indicators, *NBER Macroeconomics Annual*, 4: 351 – 394.

Strotz, R. H. and H. O. A. Wold. 1960. Recursive vs. nonrecursive systems: An attempt at synthesis, *Econometrica*, 28: 417 – 427.

Swann, G. M. P. 2006. *Putting Econometrics in its Place: A New Direction in Applied Economics*, Edward Elgar.

Taylor, J. and R. J. Tibshirani. 2015. Statistical learning and selective inference, *Proceedings of the National Academy of Sciences*, 112 (25): 7629 – 7634.

Tinbergen, J. 1939. *Statistical Testing of Business-Cycle Theories*, League of Nations.

Triplett, J. 2004. *Handbook on hedonic indexes and quality adjustments in price in-*

dexes: *Special application to information technology products*, Directorate for Science, Technology and Industry Working Paper 2004/9, OECD.

Trivedi, P. K. 1984. Uncertain prior information and distributed lag analysis, in D. F. Hendry and K. F. Wallis eds. , *Econometrics and Quantitative Economics*, Basil Blackwell, pp. 173 – 210.

Valiant, L. 1984. A theory of the learnable, *Communications of the ACM*, 27 (11): 1134 – 1142.

Valiant, L. 2000. Robust logics, *Artificial Intelligence*, 117 (2): 231 – 253.

Valiant, L. 2008. Knowledge infusion: In pursuit of robustness in artificial intelligence, in R. Hariharan, M. Mukund and V. Vinay eds. , *Foundations of Software Technology and Theoretical Computer Science*, Bangalore, pp. 415 – 422.

Valiant, L. 2013. *Probably Approximately Correct: Nature's Algorithms for Learning and Prospering in a Complex World*, Basic Books.

van Engelen, J. E. and H. H. Hoos. 2020. A survey on semi-supervised learning, *Machine Learning*, 109: 373 – 440.

van Huellen, S. and D. Qin. 2019. Compulsory schooling and returns to education: A re-examination, *Econometrics*, 7 (3), 36.

van Huellen, S. , D. Qin, S. Lu, H. -W. Wang, Q. -C. Wang and T. Moraitis. 2022. Modelling opportunity cost effects in money demand due to openness, *International Journal of Finance & Economics*, 27 (1): 697 – 744.

Vapnik, V. 1999. *The Nature of Statistical Learning Theory*, 2nd edition, Springer.

Vapnik, V. 2003. An overview of statistical learning theory, *NATO Science Series Sub Series III Computer and Systems Sciences*, 190: 1 – 28.

Varian, H. R. 2014. Big data: New tricks for econometrics, *Journal of Economic Perspectives*, 28 (2): 3 – 28.

Wold, H. O. A. 1938. *A Study in the Analysis of Stationary Time Series*, Almqist

& Wiksells.

Wold, H. O. A. 1954. Causality and econometrics, *Econometrica*, 22: 162 – 177.

Wold, H. O. A. 1956. Causal inference from observational data: A review of ends and means, *Journal of the Royal Statistical Society*, Series A (*Statistics in Society*), 119: 28 – 61.

Wold, H. O. A. 1975. From hard to soft modelling, in H. O. A. Wold ed., *Modeling in Complex Situations with Soft Information*, University Institute of Statistics, Chapter, 1, pp. 21 – 26.

Wold, H. O. A. 1980. Model construction and evaluation when theoretical knowledge is scarce: Theory and application of partial least squares, in J. Kmenta and J. B. Ramsey eds., *Evaluation of Econometric Models*, Academic Press, pp. 47 – 74.

Wold, H. O. A. and L. Juréen. 1953. *Demand Analysis*, John Wiley & Sons.

Yang, Y. -H. 2005. Can the strengths of AIC and BIC be shared? A conflict between model identification and regression estimation, *Biometrika*, 92 (4): 937 – 950.

Young, A. 2022. Consistency without inference: Instrumental variables in practical application, *European Economic Review*, 147 (104112).

Zellner, A. 1979. Causality and econometrics, *Carnegie-Rochester Conference Series on Public Policy*, 10: 9 – 54.

Zhao, S., D. Witten and A. Shojaie. 2021. In defence of the indefensible: A very naive approach to high-dimensional inference, *Statistical Science*, 36 (4): 562 – 577.

Zimin, A. and C. Lampert. 2017. Learning theory for conditional risk minimization, in *Proceedings of the 20th International Conference on Artificial Intelligence and Statistics*, 20 – 22 April 2017, Fort Lauderdale, FL, USA, pp. 213 – 222.

主题词索引
SUBJECT INDEX

A

迁就主义（accommodationism），61

人工智能（artificial intelligence，AI），23

自律性（autonomy），11

自回归模型（autoregressive model，AR），38

自回归延迟分布模型（autoregressive distributed lag，ARDL），39

平均处理效应（average treatment effect，ATE），47

B

基表示（basis representation），52

偏误-复杂度权衡（bias-complexity），17

偏误-方差权衡（bias-variance），22

脆弱性（brittleness），50

商业周期（business cycles），30

C

校准法（calibration），45

Cochrane-Orcutt 估计法（Cochrane-Orcutt procedure），46

协整（cointegration），39

共线性（collinearity），54
　　共因子约束（common factor restriction），46
计算复杂性（computational complexity），24
条件分布（conditional distribution），36
条件模型（conditional model），36
置信区间（confidence interval），102
常数性（constancy），20
一致性（consistency），17
　　一致估计量（consistent estimation/estimator），55
　　模型一致性（model consistency），92
控制变量（control variables），8
交叉验证（cross validation），61

D

数据挖掘（data mining），102
数据来源（data sources），5
　　一手数据（primary data），5
　　二手数据（secondary data），5
数据生成机制（data generation mechanism），17
数据生成过程（data generation process，DGP），38
诊断性检验（diagnostic test），56
判别式建模（discriminative model/approach），56
无分布（distribution free），21
双重浸渍（double dipping），102
虚拟变量（dummy variable），7
动态设定（dynamic specification），38
动态随机一般均衡模型（dynamic stochastic general equilibrium，DSGE），44

E

经验风险最小化（empirical risk minimisation, ERM），17

包容性（encompassing），74

    简洁包容性（parsimonious encompassing），33

内生性（endogeneity），60

    内生性检验（endogeneity test），60

    内生变量（endogenous variable），64

均衡（equilibrium），8

误差修正模型（error-correction mechanism/model, ECM），54

超外生性（super exogeneity），120

F

因子分析（factor analysis），80

特征学习（feature learning），53

拟合–稳定性权衡（fitting-stability tradeoff），17

金融危机（financial crisis），112

预测失误（forecasting failures），109

函数估计（function estimation），19

G

由一般到具体的动态建模（general-to-specific dynamic modelling），53

泛化性（generalisability），12

    泛化界限（generalisation bound），21

    泛化误差（generalisation error），21

广义加性模型（generalised additive model），8

广义最小二乘法（generalised least squares, GLS），90

广义矩法（generalised method of moments, GMM），70

生成式建模（generative model/approach），36

打底(grounding), 51

H

事后假设(hypothesizing after the results are known, HARKing), 61

去特征的价格模型(hedonic price model, HPM), 6

异质性(差异)(heterogeneity/heterogeneous), 9

同方差(homoscedasticity), 69

假设检验(hypothesis testing), 12

I

识别条件(identification condition), 56

脉冲响应(impulse response), 41

独立同分布(independent and identically distributed, IID), 24

数据有缺失的样本(incomplete data sample), 76

归纳学习(inductive learning), 12

信息准则(information criteria), 61

工具变量(instrumental variable, IV), 63

可解释性(interpretability), 52

不变性(invariance), 8

J

联合分布(joint distribution), 35

K

知识表示(knowledge representation), 31

L

带标记的输出变量(labelled target), 29

劳动力供给（labour supply），31

套索回归（lasso, least absolute shrinkage and selection operator），98

潜变量（latent variable），5

前导指数（leading indicator），30

可学性（learnability），13

学习算法（learning algorithm），17

似然函数（likelihood functions），106

限值因变量模型（limited dependent variable model），31

逻辑推理（logical reasoning），12

逻辑回归/逻辑函数（logistic regression/function），24

长期均衡（long-run equilibrium），46

损失函数（loss function），21

M

机器学习（machine learning），11

机器推理（machine reasoning），31

宏观经济计量学（macroeconometrics），38

宏观经济学（macroeconomics），94

边缘分布（marginal distribution），36

极大似然（maximum likelihood, ML），102

均方误差（mean squared errors），96

测度误差（measurement error），3

微观经济计量学（microeconometrics），47

微观经济学（microeconomics），6

误设检验（mis-specification test），70

模态命题逻辑（modal propositional logic），49

多重插补（multiple imputation, MI），77

N

近邻（nearest neighbour），30

非线性（nonlinearity），39

非嵌套模型（non-nested models），91

非平稳过程（nonstationary process），38

O

可测变量（observable/observational variable），4

遗漏变量偏误（omitted variable bias），9

普通最小二乘估计（ordinary least squares，OLS），38

    普通最小二乘估计偏误（OLS bias），38

    普通最小二乘估计欠有效性（OLS inefficiency），70

奥卡姆剃刀定律（Occam's razor），17

P

参数估计（parameter estimation），1

偏回归（partial regression），81

p 值操纵（p-hacking），60

科学哲学（philosophy of science），3

主成分分析（principal component analysis），29

概率测度（probability measure），12

概率模型（probability model），14

概率近似正确学习（probably approximately correct learning，PAC），12

概率单位模型（probit models），78

项目评价模型（programme evaluation model，PEM），47

R

随机对照试验（randomised control trials，RCTs），47

理性预期（rational expectations, RE）, 112

递归估计（recursive estimation）, 74

正则化（regularisation）, 73

    正则化的损失函数（regularised loss minimisation, RLM）, 97

残差自相关（residual autocorrelation）, 70

岭估计（ridge estimation）, 98

强健化（robustifying）, 51

S

样本复杂性（sample complexity）, 27

半监督学习（semi-supervised learning）, 29

扰动变量（shock variable）, 44

显著性检验（significance test）, 64

联立推断（simultaneous inference）, 103

联立模型（simultaneous-equation model, SEM）, 17

简化性（simplicity）, 17

随机过程（stochastic processes）, 66

结构断裂（structural break）, 67

结构模型（structural model）, 41

结构风险最小化（structural risk minimisation, SRM）, 12

有监督学习（supervised learning）, 29

T

检验估计（testimation）, 100

理论丰富（theoryful）, 19

理论贫乏（theoryless）, 19

转导推断/学习（transductive inference/learning）, 30

第三类错误（type III error）, 31

U

不确定性（uncertainty），1

单位根（unit root），39

无监督学习（unsupervised learning），29

V

向量自回归模型（vector autoregressive model，VAR），9

VC 维度/泛化界限（Vapnik-Chervonenkis dimension/generalisation bound），96

W

白噪声误差（white-noise error），44

Wold 近似定理（Wold's proximity theorem），92